普通高等教育"十一五"国家级规划教材

城市轨道交通车辆维修工艺及设备

上海工程技术大学 殳企平 编著

内容提要

本书以城市轨道交通车辆为对象,从分析车辆零部件的损伤规律入手,讲述了车辆各种检修制度是如何形成的,并介绍了现代企业工艺管理的基本内容,通过大量的照片和图示较详细地讲解了城市轨道车辆各级检修的工艺过程。本书还介绍了最近几年从国外引进的大量车辆检修设备,以及这些设备的主要功能和特性。作为城市轨道交通车辆专业的专业课教材,本书力求理论联系实际,使学生能更好地掌握基础理论、了解生产实践。

本书既可作为高等院校城市轨道交通车辆专业的专业课教材,也可为从事城市轨道车辆维修和设备方面工作的技术人员提供一些车辆检修技术方面的参考资料和信息。

责任编辑: 段红梅　张　冰

图书在版编目(CIP)数据

城市轨道交通车辆维修工艺及设备/殳企平编著.
—北京:知识产权出版社,2013.7
普通高等教育"十一五"国家级规划教材
ISBN 978-7-5130-2104-3

Ⅰ.①城… Ⅱ.①殳… Ⅲ.①城市铁路—铁路车辆
—车辆修理—高等学校—教材 Ⅳ.①U279.3

中国版本图书馆 CIP 数据核字(2013)第 131956 号

普通高等教育"十一五"国家级规划教材

城市轨道交通车辆维修工艺及设备

上海工程技术大学　殳企平　编著

出版发行:	知识产权出版社		
社　　址:	北京市海淀区马甸南村1号	邮　　编:	100088
网　　址:	http://www.ipph.cn	邮　　箱:	bjb@cnipr.com
发行电话:	010-82000860 转 8101/8102	传　　真:	010-82005070/82000893
责编电话:	010-82000860 转 8024	责编邮箱:	zhangbing@cnipr.com
印　　刷:	知识产权出版社电子制印中心	经　　销:	新华书店及相关销售网点
开　　本:	787mm×1092mm　1/16	印　　张:	7.25
版　　次:	2007年6月第1版	印　　次:	2013年7月第3次印刷
字　　数:	172千字	印　　数:	6101－8100
定　　价:	20.00元		

ISBN 978-7-5130-2104-3

出版权专有　侵权必究

如有印装质量问题,本社负责调换。

前　言

当前我国城市轨道交通正处于飞速发展的大好时机，地铁、轻轨、单轨和磁悬浮等各种城市轨道交通系统如雨后春笋般在全国各大城市出现。但是建设成功后，运营和维修也需要紧紧跟上，因此运营和维修人才的培养更是迫在眉睫。由于城市轨道交通在我国还是个新生事物，经验积累较少，因此目前关于城市轨道交通车辆维修和设备方面的专门教材甚少，不能满足教育和培训的需求。本书的编写目的就是尝试填补这方面的空缺。

本书曾作为教材和培训讲义在上海工程技术大学轨道交通学院和上海地铁运营有限公司培训中心试用。本书以城市轨道交通车辆为对象，从分析车辆零部件的损伤规律入手，讲述了车辆各种检修制度的形成。本书向学生介绍了现代企业工艺管理的基本内容，通过大量的照片和图示较详细地讲解了城市轨道车辆各级检修的工艺过程；并介绍了最近几年从国外引进的大量车辆检修设备，以及这些设备的主要功能和特性。作为城市轨道交通车辆专业的专业课教材，本书力求理论联系实际，使学生能更好地掌握基础理论和了解生产实践。

本书对从事城市轨道车辆维修和设备方面工作的技术人员也可以提供一些车辆检修技术方面的参考资料和信息。

本书在编写过程中，得到上海工程技术大学鲁嘉华、杨俭两位老师以及上海地铁运营有限公司董辉等同志的大力支持和帮助，在此表示衷心的感谢。

作　者
2007 年 2 月

目 录

前言

第一章 城市轨道车辆维修概论 ·· 1
第一节 车辆零部件的损伤和失效 ··· 1
第二节 城市轨道车辆的检修制度 ··· 13
第三节 车辆检修限度 ··· 20

第二章 工艺及工艺管理基础 ·· 23
第一节 工艺和工艺管理 ·· 23
第二节 工艺系统和工艺管理系统 ··· 25
第三节 工艺文件和工艺规程 ·· 32

第三章 车辆修理的生产组织及工艺过程 ··· 43
第一节 车辆修理的生产组织 ·· 43
第二节 车辆修理的工艺过程 ·· 46
第三节 车辆检修现场工艺管理 ··· 48

第四章 城市轨道车辆的日常维修 ·· 59
第一节 日检工艺过程和操作方法 ··· 59
第二节 月检（双周检）工艺过程和操作方法 ·· 62
第三节 双月检工艺过程和操作方法 ·· 63
第四节 临修 ·· 63

第五章 城市轨道车辆的定修 ·· 65
第一节 定修的工艺过程 ·· 65
第二节 定修工艺 ·· 65
第三节 定修的工艺特点和作用 ··· 69

第六章 城市轨道车辆的架修和大修 ··· 70
第一节 架修和大修的性质和目标 ··· 70
第二节 架修和大修工艺过程 ·· 71
第三节 架修和大修的生产组织 ··· 72

第四节　架修和大修工艺 …………………………………………………… 74
第七章　城市轨道车辆维修设备 ………………………………………… 87
　　第一节　车辆维修设备的配置 …………………………………………… 87
　　第二节　城市轨道车辆维修设备的分类 ………………………………… 88
　　第三节　各级检修设备的配置 …………………………………………… 88
　　第四节　城市轨道车辆维修设备简介 …………………………………… 89
参考文献 ………………………………………………………………… 110

第一章　城市轨道车辆维修概论

第一节　车辆零部件的损伤和失效

一、车辆零部件的损伤类型和失效模式

城市轨道车辆在日常运营中，每天担负着成千上万名乘客的运送任务。在运输过程中车辆除了消耗电能量，还会对自身造成"消耗"，从而产生"损伤"。除了由自然消耗产生"损伤"外，还可能由于车辆以及零件的设计、材料、工艺及装配等各种原因引起"损伤"。"损伤"由小变大，最后车辆零部件丧失规定的功能而无法继续工作，这称之为"失效"。根据国标《可靠性基本名词术语及定义》（GB 3187—82）的定义："失效是产品丧失规定的功能。对可修复的产品通常也称故障。"产品可以是零件、运动副、部件、整个机器或系统。故障包括功能的完全丧失和性能下降到可接受限度之外的情况。

当车辆的关键零部件失效时，就意味着车辆处于故障状态，将会对运营安全造成极大的危害。车辆维修的目的就是通过不断地修复和更换已经受到损伤的零部件，避免关键零部件失效，恢复其应有的原始技术状态，以保证城市轨道交通安全、正常地运营。

任何事物的产生、发展和消亡都有它自身的规律。城市轨道车辆每个零部件的设计、制造、运用、损伤以至失效也有它自身的规律。因此，车辆维修的目的不仅仅是把零部件的损伤修复，而且要研究和掌握损伤产生的原因、发展的规律以及预防失效的方法，从而采取必要的措施，减少失效的发生或减缓损伤的发展速度。为此，首先来讨论和研究车辆零部件的损伤类型和失效模式。

车辆的故障与车辆零部件的失效密不可分，而失效是在损伤达到一定程度时产生的。车辆设备和零部件的故障分为自然故障和事故性故障两类。自然故障是指零部件的正常磨损或物理、化学变化造成零部件的变形、断裂和蚀损等，使车辆零部件失效所引起的故障。事故性故障是指因维护不当、操作不当或使用了质量不合格的零件和材料等，使车辆零部件失效而造成的故障，这种故障是人为的，可避免的责任事故。在分析和调查车辆零部件损伤和失效原因时，应加以区分。

除了车辆机械零部件或有触点电气零部件会"损伤"和"失效"外，车辆电气控制设备中的各种电子元器件也有自己的"损伤"和"失效"，如导通性能下降、耐压下降、击穿、断路和绝缘破坏等。

在车辆使用过程中，损伤类型和失效模式有多种多样，但磨损、变形、断裂和蚀损是机械性损伤与失效最主要的模式；而击穿、断路和短路是电气性损伤与失效的最主要模式。

二、车辆零部件的磨损

相接触的物体相互移动时发生阻力的现象称为摩擦。相对运动的零件的摩擦表面发生尺寸、形状和表面质量变化的现象称为磨损。摩擦是不可避免的自然现象；磨损是摩擦的必然结果，两者均发生于材料表面。摩擦与磨损相伴产生，造成机械零件的损伤和失效。车辆零部件的磨损是指相接触的零部件相互移动时，摩擦副在工作表面发生尺寸、形状和表面质量变化的现象。城市轨道交通车辆是以一定速度不断运行的机械，运用中产生磨损的零部件很多。例如，车轮踏面及轮缘、轴承滚动体及内外圈、车门及驱动装置、车钩及缓冲器零件，以及各种销及销孔等。这些零部件在列车运行中，都会因为磨损而逐渐改变它尺寸和形状。当达到一定限度后，这些零部件就不能继续使用，必须进行更换或修理。在城市轨道车辆的日常维修工作中，磨损的零部件是最主要的修理对象。

由于相对运动产生的摩擦而引起的各种磨损，通常有正常磨损与非正常磨损。正常磨损又称为自然磨损，因为摩擦是不可避免的自然现象，磨损是摩擦的必然结果。摩擦副工作时，其接触面必然会产生的一种损伤或消耗。磨损量的大小与摩擦副工作时间和工作条件有关：车辆走行时间越长或公里数越多，磨损就越大；自然环境条件的好坏，对磨损量大小也有较大的影响。沙尘和温度都是增加磨损量的主要因素。非正常磨损又称为剧烈磨损，是由于摩擦副产生的磨损超过一定限度后，会引起配合性质的改变，使间隙加大、润滑条件变坏，产生冲击，零部件的磨损速度急剧增长。在这种情况下极易发生事故。一般机械设备中约有 80％的零部件因为磨损而失效报废。如果加强对车辆的日常维修保养，保证摩擦副在正常工作条件下运作，那么非正常磨损是可以有效避免的。

摩擦和磨损涉及的科学技术领域甚广，特别是磨损，它是一种微观和动态的过程，在这一过程中，机械零件不仅会发生外形和尺寸的变化，而且会产生其他各种物理、化学和机械现象。零件的工作条件是影响磨损的基本因素。这些条件主要包括运动速度、相对压力、润滑与防护情况、温度、材料、表面质量和配合间隙等。为了降低摩擦副零件的磨损速度，提高零件表面的耐磨性，必须了解磨损产生的过程，掌握零件磨损的规律性和影响磨损速度的因素。

以摩擦副为主要零件的机械设备，在正常运转时，机械零件的磨损过程一般可分为磨合（跑合）阶段、稳定磨损阶段和剧烈磨损阶段，如图 1-1 所示。

（1）磨合阶段。新的摩擦副表面具有一定的表面粗糙度，实际接触面积小。开始磨合时，在一定载荷作用下，表面逐渐磨平，磨损速度较大，如图中的 OA 线段。随着磨合的进行，实际接触面积逐渐增大，磨损速度减缓。在机械设备正式投入运行前，认真进行磨合是十分重要的。

（2）稳定磨损阶段。经过磨合阶段，摩擦副表面发生加工硬化，微观几何形状改变，建立了弹性接触条件。这一阶段磨损趋于稳定、缓慢，AB 线段的斜率就是磨损速度；B 点对应的横坐标时间就是零件的耐磨寿命。

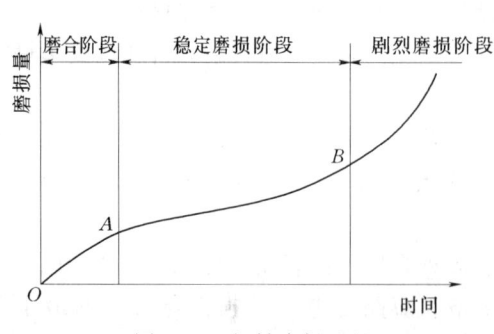

图 1-1 机械磨损过程

(3) 剧烈磨损阶段。经过 B 点以后，由于摩擦条件发生较大的变化，如温度快速升高、金属组织发生变化、冲击增大、磨损速度急剧增加、机械效率下降和精度降低等，从而导致零件失效，机械设备无法正常运转。

通常将机械零件的磨损分为粘着磨损、磨料磨损、疲劳磨损、腐蚀磨损和微动磨损等五种类型。

（一）粘着磨损

粘着磨损又称为粘附磨损，是指当构成摩擦副的两个摩擦表面相互接触并发生相对运动时，由于粘着作用，接触表面的材料从一个表面转移到另一个表面所引起的磨损。

根据粘着磨损机理，摩擦副的表面即使是抛光得很好的光洁表面，但实际上也还是高低不平的。因此，两个主属零件表面的接触，实际上是微凸体之间的接触，实际接触面积很小，仅为理论接触面 1% 以下。所以即使在载荷不大时，单位面积的接触应力也很大，如果当这一接触应力大到足以使微凸体发生塑性变形，并且接触处很干净，那么这两个零件的金属面将直接接触而产生粘着。当摩擦表面发生相对滑动时，粘着点在切应力作用下变形甚至断裂，造成接触表面的损伤破坏。这时，如果粘着点的粘着力足够大，并超过摩擦接触点两种材料之一的强度，则材料便会从该表面上被扯下，使材料从一个表面转移到另一个表面。通常这种材料的转移是由较软的表面迁移到较硬的表面上。在载荷和相对运动作用下，两接触点间重复产生"粘着—剪断—再粘着"的循环过程，使摩擦表面温度显著升高，油膜破坏，严重时表层金属局部软化或熔化，接触点产生进一步粘着。根据零件摩擦表面的破坏程度，粘着磨损可分为轻微磨损、涂抹、擦伤、撕脱和咬死等五类。

在金属零件的摩擦中，粘着磨损是剧烈的，常常会导致摩擦副灾难性破坏，应加以避免。但是，在非金属零件或金属零件和聚合物件构成的摩擦副中，摩擦时聚合物会转移到金属表面上形成单分子层，凭借聚合物的润滑特性，可以提高耐磨性，此时粘着磨损起到有益的作用。

（二）磨料磨损

磨料磨损又称为磨粒磨损，它是当摩擦副的接触表面之间存在着硬质颗粒，或者当摩擦副材料一方的硬度比另一方的硬度大得多时，所产生的一种类似于金属切削过程的磨损。它是机械磨损的一种，特征是在接触面上有明显的切削痕迹。在各类磨损中，磨料磨损约占 50%，是十分常见且危害性最严重的一种磨损，其磨损速率和磨损强度都很大，致使机械设备的使用寿命大大降低，能源和材料大量消耗。

根据摩擦表面所受的应力和冲击的不同，磨料磨损的形式可分为錾削式、高应力碾碎式和低应力擦伤式三类。

磨料磨损的机理属于磨料颗粒的机械作用，磨料的来源有外界砂尘、切屑侵入、流体带入、表面磨损产物、材料组织的表面硬点及夹杂物等。

目前，关于磨料磨损机理有以下四种假说：

(1) 微量切削。认为磨料磨损主要是由于磨料颗粒沿摩擦表面进行微量切削而引起的，微量切屑大多数呈螺旋状、弯曲状或环状，与金属切削加工的切屑形状类似。

(2) 压痕破坏。认为塑性较大的材料，因磨料在载荷的作用下压入材料表面而产生压痕，并从表层上挤出剥落物。

(3) 疲劳破坏。认为磨料磨损是磨料使金属表面层受交变应力而变形，使材料表面疲劳破坏，并呈小颗粒状态从表层脱落下来。

(4) 断裂。认为磨料压入和擦划金属表面时，压痕处的金属要产生变形，磨料压入深度达到临界值时，伴随压入而产生的拉伸应力足以产生裂纹。在擦划过程中，产生的裂纹有两种主要类型：一种是垂直于表面的中间裂纹，另一种是从压痕底部向表面扩展的横向裂纹。当横向裂纹相交或扩展到表面时，便发生材料呈微粒状脱落形成磨屑的现象。

(三) 疲劳磨损

疲劳磨损是摩擦表面材料微观体积受循环接触应力作用产生重复变形，导致产生裂纹和分离出微片或颗粒的一种磨损。

疲劳磨损根据其危害程度可分为非扩展性疲劳磨损和扩展性疲劳磨损两类。

疲劳磨损的过程就是裂纹产生和扩展的破坏过程。根据裂纹产生的位置，疲劳磨损的机理有以下两种情况：

(1) 滚动接触疲劳磨损。在滚动接触过程中，材料表层受到周期性载荷作用，引起塑性变形、表面硬化，最后在表面出现初始裂纹，并沿与滚动方向呈小于 45°的倾角方向由表向里扩展。表面上的润滑油由于毛细管的吸附作用而进入裂纹内表面，当滚动体接触到裂口处时将把裂口封住，使裂纹两侧内壁承受很大的挤压作用，加速裂纹向内扩展。在载荷的继续作用下，形成麻点状剥落，在表面上留下痘斑状凹坑，深度在 0.1～0.2mm 以下。

(2) 滚滑接触疲劳磨损。根据弹性力学，两滚动接触物体在表面下 $0.786b$（b 为平面接触区的半宽度）处切应力最大。该处塑性变形最剧烈，在周期性载荷作用下的反复变形使材料局部弱化，并在该处首先出现裂纹，在滑动摩擦力引起的切应力和法向载荷引起的切应力叠加作用下，使最大切应力从 $0.786b$ 处向表面移动，形成滚滑疲劳磨损，剥落层深度一般为 0.2～0.4mm。

(四) 腐蚀磨损

在摩擦过程中，金属同时与周围介质发生化学反应或电化学反应，引起金属表面的腐蚀剥落，这种现象称为腐蚀磨损。它是在腐蚀磨损与机械磨损、粘着磨损和磨料磨损等相结合时才能形成的一种机械化学磨损。因此，腐蚀磨损的机理与前述三种磨损的机理不同。腐蚀磨损是一种极为复杂的磨损过程，经常发生在高温或潮湿的环境下，更容易发生在有酸、碱、盐等特殊介质的条件下。

按腐蚀介质的不同类型，腐蚀磨损可分为氧化磨损和特殊介质下的腐蚀磨损两大类。

1. 氧化磨损

我们知道，除金、铂等少数金属外，大多数金属表面都被氧化膜覆盖着。若在摩擦过程中，氧化膜被磨掉，摩擦表面与氧化介质反应速度很快，立即又形成新的氧化膜，然后又被磨掉，这种氧化膜不断被磨掉又反复形成的过程，就称为氧化磨损。

氧化磨损的产生必须同时具备以下条件：一是摩擦表面要能够发生氧化，而且氧化膜生成速度大于其磨损破坏速度；二是氧化膜与摩擦表面的结合强度大于摩擦表面承受的切应力；三是氧化膜厚度大于摩擦表面破坏的深度。

在通常情况下，氧化磨损比其他磨损轻微得多。

2. 特殊介质下的腐蚀磨损

特殊介质下的腐蚀磨损是摩擦副表面金属材料与酸、碱、盐等介质作用生成的各种化合物，在摩擦过程中不断被磨掉的磨损过程。其机理与氧化磨损相似，但磨损速度较快。

由于其腐蚀本身可能是化学的或电化学的性质，故腐蚀磨损的速度与介质的腐蚀性质和作用温度有关，也与相互摩擦的两个金属形成的电化学腐蚀的电位差有关。介质腐蚀性越强，作用温度越高，腐蚀磨损速度越快。

（五）微动磨损

两个接触表面由于受相对低振幅振荡运动而产生的磨损称为微动磨损。它产生于相对静止的接合零件上，因而往往易被忽视。微动磨损的最大特点是：在外界变动载荷作用下，产生振幅很小（小于 $100\mu m$，一般为 $2\sim20\mu m$）的相对运动，由此发生摩擦磨损。例如在键连接处、过盈配合处、螺栓连接处和铆钉连接接头处等结合上产生的磨损。

微动磨损使配合精度下降，过盈配合部件结合紧度下降甚至松动，连接件松动乃至分离，严重者引起事故。微动磨损还易引起应力集中，导致连接件疲劳断裂。

微动磨损的机理是由于微动磨损集中在局部范围内，同时两个摩擦表面永远不脱离接触，磨损产物不易往外排除，磨屑在摩擦表面起着磨料的作用；又因摩擦表面之间的压力使表面凸起部分粘着，粘着处被外界小振幅引起的摆动所剪切，剪切处表面又被氧化，所以微动磨损兼有粘着磨损和氧化磨损的作用。

例如，车辆轮对的轮毂孔内侧与车轴接触处，因接触压力较大，使界面上的微凸体因塑性变形而粘附，再受小振幅的相对运动作用，致使粘结点剪切而脱落，形成的磨屑与氧气反应后生成 Fe_2O_3。因此，轮座裂纹处出现的红褐色粉末，即为微动腐蚀磨损的一例。

金属的磨损速度以单位时间内磨损的金属重量或厚度来表示。对于车辆零件来说，通常以走行若干公里或若干时间后几何尺寸的减少量来计算。

影响磨损速度的因素是多方面的，往往不是某一个因素，而是几种因素同时作用的结果。然而，在几种影响因素中总有一种主要因素，从而决定了磨损是以某一种规律出现的。无论哪一种磨损规律，影响磨损速度的主要因素，可归纳为下述三方面：

（1）摩擦副工作条件的影响。工作条件主要指摩擦副的摩擦类型（滑动、滚动或转动）、载荷性质与大小，以及摩擦面相对运动的速度等因素。滚动摩擦的磨损速度远比滑动摩擦为小，同一种磨损形式亦因载荷性质和相对速度的差异而不同，动载荷和较大的相对速度，其磨损速度也较大。

（2）摩擦副表面特性的影响。磨损的各种现象都从摩擦表面开始，因此摩擦表面层金属的组织和硬度，以及零件表面的加工质量，对磨损速度均有直接影响。表面层金属的组织和硬度是影响磨损速度的主要因素之一。金属的金相组织不同，硬度也不同。

表面加工质量的影响。摩擦表面机械加工的质量也是影响磨损速度的主要因素之一。摩擦表面越粗糙，磨损速度越大。在一定条件下工作的摩擦副，对摩擦表面的粗糙度有一定的要求，粗糙度过高或过低，都会促使磨损速度的增加。因此，应合理地选择摩擦表面的粗糙度，这样既能降低磨损速度，又可以减少不必要的加工费用。通常，应选择零件在正常磨损阶段的表面粗糙度作为技术要求的标准是最适宜的。

摩擦表面经过加工后的几何形状误差，会破坏摩擦副的正常工作条件，导致磨损速度加快，同时也是造成零件偏磨的主要原因。

金属零件经机械加工后，往往在表面层产生塑性变形，使硬度有所提高，形成了一定深度的加工硬化层，从而能提高其耐磨性。因此，对某些易磨损的零件进行滚压加工，借以提高零件的表面硬度和耐磨性。

（3）摩擦副界面间润滑介质的影响。摩擦副的摩擦形式，随界面之间的润滑情况而不同。润滑油的质量与载荷及工况，决定了界面之间油膜的厚度与油膜的耐久性，从而使摩擦副处于液体、半液体或干摩擦的条件下工作。良好的润滑条件，均能降低零件的磨损速度。

上述三方面影响磨损速度的因素：第一个因素是决定磨损类型和磨损速度的基本因素；第二个因素是从工艺上提高零件耐磨性应考虑的措施，也是车辆修理时提高零件耐磨性的手段之一；第三个因素是决定摩擦特性的因素，也直接影响到磨损速度的大小。

三、车辆零部件的变形

车辆零部件的变形是指机械零件或构件在外力的作用下，产生形状或尺寸变化的现象。过量的变形是机械失效的重要类型，也是判断韧性断裂的明显征兆。例如，各种传动轴的弯曲变形；车辆底架主梁在变形下挠曲或扭曲；弹簧的变形等。变形量随着时间的不断增加，逐渐改变了产品的初始参数，当超过允许极限时，将丧失规定的功能。有的机械零件因变形引起结合零件出现附加载荷、相互关系失常或加速磨损，甚至造成断裂等灾难性后果。

根据外力去除后变形能否恢复，机械零件或构件的变形可分为弹性变形和塑性变形两大类。

（一）弹性变形

金属零件在作用应力小于材料屈服强度时产生的变形称为弹性变形。

弹性变形的特点如下：

（1）当外力去除后，零件变形消除，恢复原状。

（2）材料弹性变形时，应变与应力成正比，其比值称为弹性模量，它表示材料对弹性变形的阻力。在其他条件相同时，材料的弹性模量越高，由这种材料制成的机械零件或构件的刚度便越高，在受到外力作用时保持其固有的尺寸和形状的能力就越强。

（3）弹性变形量很小，一般不超过材料原长度的 0.1%～1.0%。

在金属零件使用过程中，若产生超量弹性变形（超量弹件变形是指超过设计允许的弹性变形），则会影响零件正常工作。例如，当传动轴工作时，超量弹性变形会引起轴上齿轮啮合状况恶化，影响齿轮和支承它的滚动轴承的工作寿命；车辆底架梁件超量弹性变形，会引起疲劳裂纹。因此，在机械设备运行中，防止超量弹性变形是十分必要的。除了正确设计外，正确使用十分重要，应严防超载运行，注意运行温度规范，防止热变形等。

（二）塑性变形

塑性变形又称为永久变形，是指机械零件在外加载荷去除后留下来的一部分不可恢复的变形。

金属零件的塑性变形从宏观形貌特征上看，主要有翘曲变形、体积变形和时效变形三种形式。

1. 翘曲变形

当金属零件本身受到某种应力（如机械应力、热应力或组织应力等）的作用，其实际应力值超过了金属在该状态下的拉伸屈服强度或压缩屈服强度后，就会产生呈翘曲、椭圆或歪扭的塑性变形。因此，金属零件产生翘曲变形是它自身受复杂应力综合作用的结果。翘曲变形常见于细长轴类、薄板状零件以及薄壁的环形和套类零件。

2. 体积变形

金属零件在受热与冷却过程中，由于金相组织转变引起比容变化，导致金属零件体积胀缩的现象称为体积变形。例如，钢件淬火相变时，奥氏体转变为马氏体或下贝氏体时比容增大，体积膨胀，淬火相变后残留奥氏体的比容减小，体积收缩。马氏体形成时的体积变化程度，与淬火相变时马氏体中的含碳量有关。钢件中含碳量越多，形成马氏体时的比容变化越大，膨胀量也越大。此外，钢中碳化物不均匀分布往往会增大变形程度。

3. 时效变形

钢件热处理后产生不稳定组织，由此引起的内应力处于不稳定状态；铸件在铸造过程中形成的铸造内应力也处于不稳定状态。在常温下较长时间的放置或使用，不稳定状态的应力会逐渐发生转变，并趋于稳定，由此伴随产生的变形称为时效变形。

塑性变形导致机械零件各部分尺寸和外形的变化，将引起一系列不良后果。例如，车辆上的车门框架和门叶的变形，会导致车门无法开启或关闭。零件的局部塑性变形虽然不像零件的整体塑性变形那样引起明显失效，但也是引起零件失效的重要形式。如键连接、花键连接、挡块和销钉等，由于静压力作用，通常会引起配合的一方或双方的接触表面挤压（局部塑性变形），随着挤压变形的增大，特别是那些能够反向运动的零件将引起冲击，使原配合关系破坏的过程加剧，从而导致机械零件失效。

四、车辆零部件的断裂

车辆零部件的断裂是指零部件在机械力、温度、磁场感应和腐蚀等单独作用或共同作用下，其本身连续性遭到破坏，发生局部开裂或分裂成几部分的现象。与磨损和变形相比，车辆零部件由于断裂而失效的机会较少，但是车辆零部件的断裂往往会造成严重的机械事故，产生严重后果，因此是一种最危险的失效模式。

机械零件的断裂一般可分为延性断裂、脆性断裂、疲劳断裂和环境断裂四种形式。

1. 延性断裂

延性断裂又称为塑性断裂或韧性断裂。零件在外力作用下首先产生弹性变形，当外力引起的应力超过弹性极限时即发生塑性变形，外力继续增加，应力超过抗拉强度时发生塑性变形后造成断裂就称为延性断裂。延性断裂的宏观特点是断裂前有明显的塑性变形，常出现"缩颈"现象。延性断裂断口形貌的微观特点是断面有大量韧窝（即微坑）覆盖。延性断裂实际上是显微空洞形成、长大、连接以致最终导致断裂的一种破坏方式。

2. 脆性断裂

金属零件或构件在断裂之前无明显的塑性变形，发展速度极快的一类断裂称为脆性断裂。它通常在没有预示信号的情况下突然发生，是一种极危险的断裂形式。

3. 疲劳断裂

机械设备中的许多零件，如轴、齿轮和凸轮等，都是在交变应力作用下工作的。它们工作时所承受的应力一般都低于材料的屈服强度或抗拉强度，按静强度设计的标准是安全的。但在实际生产中，在重复及交变载荷的长期作用下，机械零件或构件仍然会发生断裂，这种现象称为疲劳断裂，它是一种普通而严重的失效形式。在机械零件的断裂失效中，疲劳断裂占很大的比重，约为80%～90%。

疲劳断裂的类型很多，根据循环次数的多少可分为高周疲劳和低周疲劳两种类型。高周疲劳通常简称为疲劳，又称为应力疲劳，是指机械零件断裂前在低应力（低于材料的屈服强度甚至弹性极限）下，所经历的应力循环周次数多（一般大于10万次）的疲劳，是一种常见的疲劳破坏。例如，轴和弹簧等零部件的失效一般均属于高周疲劳破坏。

低周疲劳又称为应变疲劳。低周疲劳的特点是承受的交变应力很高，一般接近或超过材料的屈服强度，因此每一次应力循环都有少量的塑性变形，而断裂前所经历的循环周次较少，一般只有100～10万次，寿命短。

4. 环境断裂

环境断裂是指材料与某种特殊环境相互作用而引起的具有一定环境特征的断裂方式。延性断裂、脆性断裂和疲劳断裂均未涉及材料所处的环境，实际上机械零件的断裂，除了与材料的特性、应力状态和应变速度有关外，还与周围的环境密切相关，尤其是在腐蚀环境中材料表面的裂纹边沿由于氧化、腐蚀或其他过程使材料强度下降，促使材料发生断裂。环境断裂主要有应力腐蚀断裂、氢脆断裂、高温蠕变断裂、腐蚀疲劳断裂和冷脆断裂等形式。

五、车辆零部件的蚀损

车辆零部件的蚀损是指金属材料与周围介质产生化学反应或电化学反应而导致的损伤。由于车辆日夜暴露在大气中，经常受到风霜雨雪的侵害以及各种腐蚀性气体，如盐雾、酸雨的侵蚀，致使车辆零部件尤其是金属结构受到损伤而失效。金属腐蚀的程度，主要取决于金属的材质和防腐层的性能，与车辆走行里程无关。

蚀损即腐蚀损伤。疲劳点蚀、腐蚀和穴蚀等统称为蚀损。疲劳点蚀是指零件在循环接触应力作用下表面发生的点状剥落的现象；腐蚀是指零件受周围介质的化学及电化学作用，表层金属发生化学变化的现象；穴蚀是指零件在温度变化和介质的作用下，表面产生针状孔洞，并不断扩大的现象。

金属腐蚀是普遍存在的自然现象，它所造成的经济损失十分惊人。据不完全统计，全世界因腐蚀而不能继续使用的金属零件，约占其产量的10%以上。

金属零件由于周围的环境以及材料内部成分和组织结构的不同，腐蚀破坏有凹洞、斑点和溃疡等多种形式。

按金属与介质作用机理，机械零件的蚀损可分为化学腐蚀和电化学腐蚀两大类。

（一）机械零件的化学腐蚀

化学腐蚀是指单纯由化学作用而引起的腐蚀。在这一腐蚀过程中不产生电流，介质是非导电的。化学腐蚀的介质一般有两种形式：一种形式是气体腐蚀，指干燥空气、高温气体等介质中的腐蚀；另一种形式是非电解质溶液中的腐蚀，指有机液体、汽油和润滑油等介质中的腐蚀。它们与金属接触时进行化学反应形成表面膜，在不断脱落又不断生成的过程中使零件腐蚀。

大多数金属在室温下的空气中就能自发地氧化，但在表面形成氧化物层之后，如能有效地隔离金属与介质间的物质传递，就成为保护膜；如果氧化物层不能有效阻止氧化反应的进行，那么金属将不断地被氧化。

据研究，金属氧化膜要在含氧气的条件下起保护膜作用必须具备下列条件：

（1）氧化膜必须是紧密的，能完整地把金属表面全部覆盖住，即氧化膜的体积必须比生成此膜所消耗掉的金属的体积大。

（2）氧化膜在气体介质中是稳定的。

（3）氧化膜和基体金属的结合力强，且有一定的强度和塑性。

（4）氧化膜具有与基体金属相同的热膨胀系数。

在高温空气中，铁和铝都能生成完整的氧化膜，由于铝的氧化膜同时具备了上述四种条件，故具有良好保护性能；而铁的氧化膜与铁结合不良，故不能起到保护作用。

（二）金属零件的电化学腐蚀

电化学腐蚀是指金属与电解质物质接触时产生的腐蚀。大多数金属的腐蚀都属于电化学腐蚀，其涉及面广，造成的经济损失大。电化学腐蚀与化学腐蚀的不同点在于其腐蚀过程有电流产生。电化学腐蚀过程比化学腐蚀强烈得多，这是由于电化学腐蚀的条件易形成和存在决定的。

电化学腐蚀的根本原因是腐蚀电池的形成。在原电池中，作为阳极的锌被溶解，作为阴极的铜未被溶解，在电解质溶液中有电流产生。电化学腐蚀原理与此很相近，同样需要形成原电池的三个条件：存在两个或两个以上的不同电极电位的物体，或在同一物体中具有不同电极电位的区域，以形成正、负极；电极之间需要有导体相连接或电极直接接触；有电解液。金属材料中一般都含有其他合金或杂质（如碳钢中含有渗碳体，铸铁中含有石墨等），由于这些杂质的电极电位的数值比铁本身大，便产生了电位差，而且它们又都能导电，杂质又与基体金属直接接触，所以当有电解质溶液存在时便会构成腐蚀电池。

腐蚀电池有微电池和宏观腐蚀电池两种。上述腐蚀电池中由于渗碳体和石墨含量非常小，作为腐蚀电池中的阴极常称为微阴极，这种腐蚀电池称为微电池。当不同金属浸于不同电解质溶液，或两种相接触的金属浸于电解质溶液，或同一金属与不同的电解质溶液（包括浓度、温度、流速不同）接触，这时构成腐蚀电池阳极的是金属整体或其局部，这种腐蚀电池称为宏观腐蚀电池。

金属零件常见的电化学腐蚀形式主要如下：

（1）大气腐蚀。即潮湿空气中的腐蚀。

（2）土壤腐蚀。如地下金属管线的腐蚀。

（3）在电解质溶液中的腐蚀。如酸、碱、盐等溶液中的腐蚀。

（4）在熔融盐中的腐蚀。如热处理车间，熔盐加热炉中的盐炉电极和所处理的金属发生的腐蚀。

六、车辆电气电子零部件的损伤

车辆电气电子零部件一般分为有触点器件和无触点器件两大部分。传统的直流传动车控制系统采用有触点器件，如凸轮控制器、主接触器、空气断路器和直流电动机等较多，因此电气故障主要集中在有触点器件上。近年来交流传动车的数量激增，电气传动控制系统的故障大大减少，主要原因是没有了主接触器和直流电机。因此，现在车辆的电气系统故障比较集中在变流元件损坏和控制系统电子线路板故障上。

下面分别叙述车辆电气电子零部件的损伤和失效现象。

（一）变流元件损坏

变流元件指晶闸管、GTO（可关断晶闸管）和 IGBT 等大功率电子元件，它们是交流变频电传动系统和直流斩波电传动系统的主要元件。

由于变流元件的耐压不是很高，因此在主电路出现过电压时容易被击穿。过电压一般出现在雷击时，避雷器和保护电路吸收不及，容易损坏元件。主电路在进行再生制动时，平波电抗产生的突变电压有时也会对元件造成损害，虽然在设计时已有考虑。

过电流是变流元件损坏的又一个"杀手"。产生过流的主要原因是元件的误触发，吸收电路保护不及，元件被击穿。此外，变流元件的散热条件不好，也容易引起过流，长期的过流将导致元件容易被击穿。

（二）电子线路板故障

电子线路板故障主要集中在功率放大部分，因为功放部分电流较大，元件最容易发生过流、短路故障。另一个故障集中点在线路板上的元器件，元器件由于受潮、腐蚀和过热等原因产生接触不良、爬电和断脚，从而使元器件烧损或失效。

此外，线路板上的焊接点由于振动、腐蚀或虚焊，时间一长容易断裂、开焊。有的线路板由于绝缘做得不好，容易产生爬电、短路，这也是造成电子线路板故障主要原因之一。

由于车辆的振动，电子线路板的接插件经常会松动，使得接触不良，导致输入输出信号中断，控制系统出现故障；电子线路板之间的控制连线由于疲劳折损也会导致控制信号中断、传输出错等。

车辆电子控制系统属弱电系统，其电子线路板的故障一般都是上述几类。这类故障数量最多，也是最难查找的，主要依靠经验。

（三）主接触器故障

直流车一般采用大量主接触器来变换主电路。由于电路负载电流大，主接触器开关频率高，发生故障的频率也相当高。主接触器常见故障包括线圈断线、衔铁不释放或释放缓慢、电触头熔焊和接触器相间短路等。

（1）线圈断线使接触器不工作，故障原因主要是线圈过热或烧损。而过热和烧损的原因是安装环境空气潮湿或含腐蚀性气体、线圈匝间短路、接触器操作频率过高和衔铁吸合不完全，导致线圈电流增大（处理办法要视引起衔铁吸合不完全的原因而采取相应的措施）、直流操作电磁铁的双绕组线圈因常闭辅助触头粘焊住，以致启动绕组长期通电而发热等。

（2）衔铁不释放或释放缓慢故障，原因可能是：反作用力过小，应调大触头弹簧的压力或反力弹簧的拉力。铁心极面有油污粘着；机械活动部分被卡住或转轴生锈、歪斜；触头已有部分熔焊在一起；剩磁过大，对于直流接触器应更换或加厚非磁性垫片，让线圈失电后容易释放衔铁。

（3）电触头熔焊，产生的原因有：操作频率过高或接触器经常过载；闭合过程中振动过于剧烈，而且发生多次的振动（如线圈电压过低，使吸合振动而引起触头振动）；触头分断能力不足，发生负载侧短路后触头便被粘住；触头表面有金属颗粒突起，应清理触头表面；触头弹簧压力过小，应调整触头弹簧的压力；触头有油污、尘垢，或铜触头严重氧化或触头严重烧损，接触面大大缩小、以致接触不良；灭弧系统有故障，需调换灭弧罩。

（4）接触器相间短路，其原因是接触器箱内尘埃堆积或凝结水汽，使绝缘变坏或是某部位相间绝缘被损坏（如灭弧罩碎裂造成相间电弧短路）。

（四）直流电机损伤

直流电机发生故障的主要部位是换向器和碳刷，由于过载、过流而引起换向火花过大、甚至环火，从而烧损换向器。对于直流电机而言，换向器与碳刷是产生故障和维修工作的重点。

换向器的故障状态包括换向器的外观会发生严重变色，能观察到换向器圆周表面上烧坏和不规则凹凸，以及烧灼痕迹的情况。

碳刷的故障状态包括碳刷接触面外观已不再均匀光滑，有明显条纹，有表面暗淡区域和表面烧伤区以及后边外观有火花痕迹与碎落、烧伤痕迹等。

此外直流电机严重环火后还会烧损放电螺丝等。

（五）其他有触点电器的损伤和失效

其他有触点电器的损伤和失效主要指继电器、空气开关等控制线路的常用电器。

主电路的控制线路中大量使用的是控制继电器，一般触头数量较多、容量较大，用于增加控制回路数或起信号放大作用场合。其结构与接触器基本相同，故其触头部分和电磁系统的常见故障与接触器类似。但有一点是比较特殊的：继电器的触头容易产生虚接故障，这种故障常发生在电气控制的工作期间，它不一定是经常发生或固定发生，因而难于捕捉，使故障不易判断。这种故障产生的原因是由于触头受环境污染影响，特别像上海这样的沿海城市，空气中盐雾、酸雾浓度较高，腐蚀性大，从而引起触点压力和接触电阻变化。消除故障的最好办法是采用镀金触头。

空气开关是有触点电器，触点烧熔是失效的主要原因。

（六）蓄电池失效

蓄电池的主要故障现象有蓄电池低电位、应急电池失效等。

引起蓄电池低电位的原因有很多，最主要的原因是充电线路故障。充电电流过大、整流器过热以及接触器烧损都会引起充电线路故障。蓄电池组连接板接触不良和个别蓄电池因污染漏电造成蓄电池低电位，也是主要原因之一。

应急电池是用于辅助逆变器失电后紧急启动的电源。由于电池的寿命有限，往往会在紧急使用时发生电力不足而失效。因此必须经常检查应急电池，测量其电压，保证紧急使用时有效。

七、车辆零部件损伤的原因

对于车辆零部件产生上述损伤和失效的原因，仔细分析和归纳起来，大概包括以下几方面：

（1）零部件设计过程中的错误。如设计结构不合理，选择参数不合理，选材不当或计算有错误。

许多车辆零部件在设计计算中,由于对载荷所引起的应力估计不足,结果应力超过了零件材质的屈服极限或强度极限,造成零部件的变形和断裂。

零件设计中因外形尺寸设计不合理,也能引起应力集中而易于产生疲劳裂纹。如零件外形断面突然变化较大,以及过渡回角半径较小,对零件材质的疲劳极限会产生很大的影响。

(2) 零部件制造过程中的工艺问题。如材料不符合要求、热处理工艺不当、加工表面质量不高、组焊时焊缝缺陷等。

金属材料在冶炼、浇铸和锻压等过程中产生的各种内部缺陷,对材质强度影响很大,而且这些缺陷又是引起应力集中的主要原因。由于这类缺陷一般均深藏在材料的内部,检查时不易被发现,是一种危险性很大的隐患。

1) 气孔及痕迹。在铸件或碾压件中都可能有气孔及其痕迹存在。气孔周围的金属由于吸收了气泡中的杂质,致使硫、磷的含量提高,同时还可能含有氧化物和硫化物等,使气孔附近的材质硬而脆,在运用中极易产生微裂纹而形成应力集中,成为疲劳裂纹的起点。

2) 内部开裂。内部开裂是辗轧或锻压件中常见的缺陷。内部开裂破坏了材料的连续性,易于产生应力集中而成为疲劳裂纹的根源。

3) 夹灰。夹灰是冶炼质量不高而产生的零件内部缺陷。夹灰由硬而脆的物质组成,受力后易于开裂,然后在裂纹端部形成横向疲劳裂纹的起点,逐步发展使整个断面破坏。

4) 表面脱碳。金属零件在毛坯制造阶段经过多次加热,使其表层含碳量因氧化而减少,表面失碳后疲劳极限随之降低,特别是弹簧的表面层正是应力最大的位置,表面失碳对疲劳裂纹的影响更为显著。

零件在加工中的表面缺陷对其疲劳强度有直接影响。零件表面机械加工后留下的刀痕、线疵等均为引起应力集中的原因,微观裂纹也就容易从这些地方产生。

此外,零件在焊接中,也会因过烧、未焊透、材质硬化,以及指痕、夹渣、气孔等缺陷,引起应力集中而降低其疲劳强度。

(3) 车辆在正常使用中产生的正常磨损、疲劳裂纹和金属腐蚀都属于自然损耗。但也有超负荷或其他各种不当运用中产生的非正常损伤。

车辆运营严重超载、用调车机车对列车调车作业时的超速碰撞、检修时机械化装卸设备对车辆过大冲击等都属于运用不当,这些缺点都足以引起车辆零部件的损伤。

(4) 车辆在使用过程中没有按照规定的维护保养规程进行检查、测试、调整、清洁、润滑和修复,致使非正常磨损或蚀损扩大。车辆日常维修工作质量不高,不能及时发现和消除运用中的不良技术状态,经常是一系列裂纹或折损事故的原因。

例如,对发热的轴箱未能及时处理,可能导致断轴事故;检修中,车轴上的细小缺陷未及时发现可能使裂纹扩大而断轴。

(5) 列车发生运行事故,使车辆零部件发生严重变形和损伤。

(6) 高温、雷击、潮湿、过流和振动等是引起电气电子元器件和零部件损伤的主要原因。

当然,引起车辆零部件损伤的原因不止上述六项。而且车辆零部件损伤的原因也不一定是单一的，往往是多种因素共同作用的结果。因此，我们必须对损伤零部件的各种条件和损伤情况作长期观测和记录，再通过全面分析和研究，最终才能得出比较准确的结论。

第二节 城市轨道车辆的检修制度

一、检修策略和检修制度

检修是指为恢复某设备或其零部件所规定的技术状态和工作能力所进行的活动总称，修理是指对有形损伤的局部补偿。它包括诊断、拆卸、鉴定、更换、修复、装配、磨合、试验和涂装等作业。

车辆是城市轨道交通系统的最主要设备，为保证日常运营安全、准点、畅通和舒适，要求车辆始终处于良好的技术状态下。因此，检修工作十分重要。城市轨道车辆维修制度就是指在什么情况下对车辆进行维修及维修要达到什么状态的一种技术规定。

由于城市轨道车辆一般都编挂成列运行，有着严格的运行时间表，不可能随时停车检修，只要一列车中的某辆车发生故障，就会延长到站时间，甚至清客退出服务。而且列车发生故障，不但影响本列车运行，还会影响整个轨道交通系统的正常运营。有些严重故障如果不能及时发现并消除，还会造成列车颠覆或引起火灾，造成人员伤亡和巨大财产损失。因此要求车辆技术质量高、维修后技术状态好，以保证轨道交通运营安全、正点。尤其是市场经济的发展和人民生活水平的提高，对城市轨道车辆提出了更高的要求，如要求车辆运行平稳、乘坐舒适，车上服务设施如空调、通风和照明等系统必须保持状态良好。从运营经济效益而言，还必须提高车辆利用率、降低检修成本。为此，城市轨道车辆检修必须寻求一种以可靠性为中心，车辆高利用率和检修经济性为目标的综合检修策略。

车辆的检修工作以这种指导检修实践的策略来确定检修计划、检修类别与等级、检修结构与检修周期，以及检修标准与检修组织体系等，从而形成了所谓的检修制度。

二、三种基本的维修方式

对于机电设备在投入使用后的维护和修理，各种企业根据自身的特点有各种不同的规定，但是一般说来大致有以下三种基本方式。

（一）定期维修

定期维修是以产品使用时间作为基准，只要产品使用到预先规定的时间，不管其技术状态如何，都要进行规定内容的维修工作，因此又称为时间性预防维修的方式。对轨道车辆来说，是以使用时间或运行里程作为检修期限。只要车辆使用到预先规定的时间或运行的里程，不管其技术状态如何，都要进行规定的检修工作，这是一种带强制性的预防维修方式。

定期维修的依据主要是零部件的损伤规律，并且有明显的时间相关性。当车辆运用一定时间或走行一定里程后，某些零部件会产生一定程度的磨损、腐蚀和老化等，是损耗性的，有时会影响其正常工作和安全，甚至会出现故障或造成事故。但是有些重要的零部件却很难检查和判断其技术状况，或者找不出其他十分有效的预防方法，因此，必须在规定时期内，实施定期维修，虽然要花费一定的工作费用，但工作的费用要少于可能发生故障所造成的损失。

合理地确定检修周期是定期维修的关键问题。检修周期太短、更换零部件的时间太早，就会造成人力、物力的浪费；反之，如果更换不及时，会影响零部件的正常工作，甚至造成严重的后果。定期维修方式可以很好地发挥其作用，定时检查或更换零部件可以保证零部件的抗故障能力或至少与零部件的原始状态很接近，使故障率有较大的降低。当然最好的方法就是能准确地掌握零部件的维修时机，如能在进入剧烈磨损之前就进行更换或修理，这样，既能保证零部件正常工作不失效，又不致造成零部件寿命的浪费。

（二）视情维修

视情维修是根据测试故障发出的预告信号，以预防故障的发生或避免故障的后果而采取的维修，又称为按需性预防维修方式。这种维修方式是依据维修对象的实际情况来确定维修时机。它不规定拆卸分解范围和维修期限，而是在检查、测试其技术状态的基础上，确定最佳维修时机和部位。

在车辆维修行业，这种维修方式是基于经常性地对车辆重要零部件的某些参数或性能的视情资料的监测和定量分析，酌情决定维修时间和维修内容。视情资料是指通过诊断或监测表征零部件状态参数的资料，它可以是逐渐检查的连续记录，也可以是性能参数的连续记录等资料。视情维修能把发生故障可能性降低到可以接受的水平，并在故障发出警告后有足够的时间采取措施。

显然，视情维修方式可以充分发挥零部件的工作潜力，提高预防维修的有效性，减少维修工作量和人为的差错。然而，采用这种维修方式必须具有一定的诊断或监测的技术条件和设备。因此，是否完全采用这种维修方式，或者对车上哪些重要零部件可以采用，都要根据实际情况和维修所花的费用来决定。

（三）事后维修

事后维修又称为故障维修，其特点是除了日常的保养维护外，虽然也考虑到预防措施，但只是等零部件出了故障时再修理。它不控制维修时期，是一种发生故障之后才进行修理的非预防性维修方式。根据事后维修的特点，它比较适合下列情况：零部件故障是突发性的，无法预测，而且故障的后果不至于影响安全性；或者零部件的故障是渐进性的，但故障后果不涉及运行安全，所造成的经济损失小于定期预防故障的费用。对这类零部件和一些偶然事故，没有必要进行预防性维修，可以在故障发生之后再加以修理或更换。这样，这些零部件就可以得到充分利用，适当减少预防维修的范围和项目，避免由于不必要的拆卸、检查、保养而造成损失和浪费。

综上所述，定期维修和视情维修属于预防性维修，它们对渐近性故障的发生有预防作用。事后维修则是非预防性的维修，对偶然性故障，或对预防性维修不经济的情况下才使用，而且使用它的前提是故障发生不会影响安全运行。定期维修是按固定时间周期检修；视情维修是按实际状态检修；而事后维修则是在不确定时间和状态下，不坏不修，坏了才修。这三种维修方式各有特点，各有一定的适用范围。应用恰当，则有优势；应用不当，则是拙劣之举。从当今城市轨道车辆维修行业的发展趋势来看，随着状态监测技术和手段的不断加强，由定期预防性维修逐步走向视情维修，即通常所说的状态修，将是主要方向。

三、两种不同的城市轨道车辆检修制度

检修制度的确立来自于实践，它是一种经验的积累和总结。一个城市轨道交通企业或一条线路，只有通过长期反复实践和论证，才能建立起一套完整的检修制度。因此，世界各国对城市轨道车辆所采用的检修制度，根据自身经验和思维的不同，有很大的差异，但大致上可以分为两种基本类型：一种类型是将车辆维修划分成若干个周期，按周期制定不同的维修规程，然后按规程进行有计划地预防性维修；另一种类型是不断观测和记录车辆在运用中的技术状态，按照车辆各种零部件的状态和表征这些状态的参数确定检修时间和内容，然后进行必要的维护和修理。这两种基本类型检修分别称为计划修和状态修。

（一）计划修

计划修是指对车辆进行有计划的检修。检修是按照一定规程进行的。这种规程是按不同车种或车型，分别根据各种车辆零部件的损伤速度和使用极限制定出来的。它规定了车辆检修的具体时间周期、检修范围、检修内容和检修标准。计划修的目的是在掌握了车辆损伤规律的基础上，在零部件尚未达到失效之前就加以修复或更换，因此是一种预防性的检修，而且防重于治，防治结合。按计划定期进行检修，可以防止和减少车辆故障，延长使用寿命，确保城市轨道交通安全运营。

除了计划检修外，计划修的内容还包括日常维护。日常维护是指平时还需对车辆按规定的时间间隔进行必要的检查和保养，其主要内容包括清洁、检查、调整、紧固与润滑以及易耗小件的更换等。其目的一方面是为了消除车辆细小隐患，使故障消灭在萌芽状态，从而保证列车安全运行；另一方面也能对主要零部件的技术状态有所积累，使计划检修工作能够比较主动。

建立计划修制度，必须具备以下前提和基础：

（1）由长期积累的车辆零部件检修记录，或者同类零部件资料归纳总结获得的主要零部件的检修周期。新购车辆可由供货商提供零部件的检修周期。

（2）根据主要零部件的检修周期，制定出一套完整的车辆检修规程，规程包含检修周期、检修等级（范围）、检修内容（工艺流程）和检修标准（检修限度和工艺文件）。

（3）与车辆检修规程相配套的检修场地（车间）、检修人员、检修设备等条件。

（4）有足够的、不影响运营的、可供计划检修周转用的备用车辆。

（二）状态修

状态修是指按车辆的现状而进行必要的检修。与计划修相比，状态修没有明确和固定的检修计划，每次修理的作业范围和工作量是随机的，车辆什么零部件有故障就修理什么零部件。虽然这种检修模式的工作量比计划修大大降低，但不均衡性较严重，因此不能制定固定的检修计划。

从维修方式角度来看，状态修属于视情维修，它是一种按需性预防维修方式。对车辆检修的实施，是根据日常检查，以及经常性监测与测试车辆零部件技术状态，按技术状态的表征参数而随时进行的预防性修理。因此，实施状态修能避免计划修的检修频繁、在修时间长等缺点，从而显著地提高车辆的利用率和降低车辆的维修成本。

建立状态修制度，必须具备以下前提和基础：

（1）对车辆的技术状态有很强的监测与检测手段，包括检测人员和设备。

(2) 有一支机动性的、多工种的、处理故障能力很强的技术工人队伍。

(3) 车辆发生故障不会造成重大影响或整条轨道交通线路瘫痪。

状态修具有较高的检修效率、较小的工作量，因此，近年来引起国内外的格外重视，并逐渐成为一种发展趋势。当然，与计划修制度相比，它们各有优缺点和适用条件。我们应根据车辆的具体构造，零部件易发故障的类型与后果，以及企业自身条件的许可，选择比较适宜的维修方式和检修制度。

四、我国城市轨道交通一般采用的车辆检修制度

目前，我国城市轨道交通企业一般采用的车辆检修制度，是预防性的定期计划检修。定期计划检修分为定修、架修和大修等多级。为保证车辆的安全运行并消除各种先期故障，定期计划检修还包括日常维修。日常维修有日检、周检（双周检）、月检（双月检）和临修（掉线修和不掉线修）多种。

下面对我国城市轨道交通企业的车辆定期计划检修制度内容逐一进行介绍。

（一）日常维修

日常维修的基本任务是确保运营车辆具有良好的技术状态，尽量做到能及时发现并消除潜在故障，防止运营事故，保证行车安全。

日常维修一般在停车场的检修库（或停车库内的检修线）进行。一般停车场的检修部门负责对每天的回库运营列车进行日检，发现故障立即维修处理。每天凌晨出车前，司机也必须对列车进行出库（出乘）检查，只有完好的车辆才允许投入运营。

对运营中的车辆，如果发现故障，若能在运营线路的折返线或其他停车线上临时修复的，则及时就地维修；修理工作量较大的，则须将列车从运营中退出，送入检修库的临修线进行修理（一般称之为掉线修理）。

列车的日常维修一般分为日检、周检（双周检）和月检（双月检）等。根据各城市轨道交通企业及其车辆的不同，检查维修周期都不同。即使同一个企业，由于车辆制造厂家的不同，车辆特性和设计上的差异，也会制定出不同的检查维修周期。一般停车场（库）都设有检修库，分别设有日检线、月（周）检线和临修线若干条。列车日常维修的主要任务在于保证列车的安全运行，对车辆的所有不良状况必须进行修复，如停车场修理条件不够，则需转入车辆修理工厂作临时修理。

（二）定修

定修周期较短，每年或每 10 万 km 进行一次，着重于经常性的检修，作业范围小，要求也较低。

（三）架修

架修是在经过多次（一般 5 次）定修或运行 50 万 km 以后进行的高级修程，检修范围大，质量要求高。架修有的在车辆段内进行，如北京地铁；有的在车辆修理工厂内进行，如上海地铁。其任务是维护车辆的基本性能，保证安全舒适地运送乘客。架修时对车辆进行全面检查，着重于分解检查车辆的转向架、车钩缓冲装置和制动装置等部件。按规定更换磨损过限的零件，修复车辆零部件各种故障和损伤，提高车辆的使用效率。

（四）大修

大修要求更高，其周期也较长，大约每 10 年或每运行 100 万 km 进行一次。大修是

指在车辆修理工厂内进行的定期检修,其目的在于全面恢复车辆的基本性能,使其修理后的技术状态接近于新造车的水平,主要部件应保证运用到下一个大修期不发生较大的故障。大修时对车辆进行全面检查和彻底修理,并对车辆进行必要的现代化技术改造,以提高车辆的质量。

车辆的定期检修划分为不同的修程和检修周期。主要是根据车辆在运用中的技术状态,实际上是由车辆零部件的损伤和失效规律所决定的。各修程间既有分工,又有互相配合,才能保证车辆始终处于良好的技术状态中。

五、制定检修周期的基本方法

确定各种修程的检修周期是关系到车辆能否处于良好技术状态的主要因素。虽然制定检修周期时要考虑的问题很多,如各种零部件的使用期限、车辆的类型和结构、修理工厂和车辆段(检修库)的检修能力和设备情况等,但最基本的考虑因素是车辆零部件的损伤规律。根据损伤规律可以确定零部件的使用期限,同时参照车辆的经济使用寿命系数,最后确定车辆定期计划检修的循环结构。所以,应首先来研究车辆零部件的损伤规律。

(一)研究车辆零部件损伤规律的基本方法

城市轨道车辆的维修关键是制定合理的车辆检修制度和正确地确定车辆零部件的检修限度,因此必须充分研究和掌握车辆零部件的损伤规律。一般在一个城市轨道交通新线开通初期,车辆的维修周期和检修内容主要依靠车辆制造商和制造厂家提供的维修手册、大修手册等技术资料。但是随着车辆运用和维修经验的积累,必须对车辆各种故障进行统计和分析,对车辆零部件的损伤规律进行分析和研究。分析和研究车辆零件的损伤规律时,应采用科学的方法,即从实际出发和实事求是的态度进行认真的调查,掌握大量的零件损伤的资料,才能总结出损伤的规律性。

分析研究零部件损伤规律的方法有很多种,但主要有以下几种:

(1)调查统计法。这种方法应用最广,并且简单易行。

(2)典型分析法。这种方法适宜于对典型损伤情况进行个别研究,包括使用实验室分析手段等。

(3)模拟试验法。这种方法一般用于确定某一因素对损伤发展的影响,采用模拟或试验的方法找出该因素对零部件工作状态的影响。

上述方法中,调查统计法应用最广,其主要步骤如下:首先进行现场实际调查,例如当研究车辆上某一零部件的磨损规律时,应对该零部件进行多次测量,即车辆每走行若干公里后测量一次实际尺寸。对每一尺寸的测量次数,必须符合统计学的要求(不小于200次),然后才可对测得的尺寸进行必要的数学整理。数学整理主要是综合实测数据,求出其平均值与均方根值。以调查尺寸的变化规律为例,平均值与均方根值的求法如下:

设 X_{max} 为所测得的最大尺寸;X_{min} 为所测得的最小尺寸;n 为将 X_{max} 与 X_{min} 间尺寸分布区的等分数(数目不宜过大,取单数)。

再取每一等分区的中点 X_i 为该尺寸的代表值,并根据每区中所包含的尺寸数计算每区尺寸所占的百分比值 ω_i:

$$\omega_i = \frac{n_i}{\sum n_i} = \frac{n_i}{N}$$

其中
$$N = \sum n_i$$

式中　n_i——第"i"区尺寸的数目；
　　　N——测量的总次数。

这时所测尺寸的算术平均值 X 和均方根值 σ 可按下式计算：

$$X = \frac{n_1 x_1 + n_2 x_2 + \cdots + n_n x_n}{n_1 + n_2 + \cdots + n_n} = \sum_{i=1}^{n} \omega_i x_i$$

$$\sigma = \sqrt{\frac{n_1(x_1-x)^2 + n_2(x_2-x)^2 + \cdots + n_n(x_n-x)^2}{n_1 + n_2 + \cdots + n_n}} = \sqrt{\sum_{i=1}^{n} \omega_i (x_i - x)^2}$$

将统计尺寸经数学整理后，可绘成分布曲线。分布曲线可分成理论分布曲线和实际分布曲线两类。实际分布曲线又可分为折线图和矩形图，图1-2表示所测得的实际尺寸的分布情况。当测量次数越多时，实际尺寸分布曲线越接近于理论分布曲线，若实际测量次数趋于无穷大时，则实际尺寸分布曲线就应与理论分布曲线相重合。根据统计测量结果，经数学整理后，可知理论分布曲线的规律是正态分布曲线（又称为高斯曲线）。即

$$f(x_i) = \frac{1}{\sigma\sqrt{2\pi}} e^{\frac{-(x_i - x)^2}{2\sigma^2}}$$

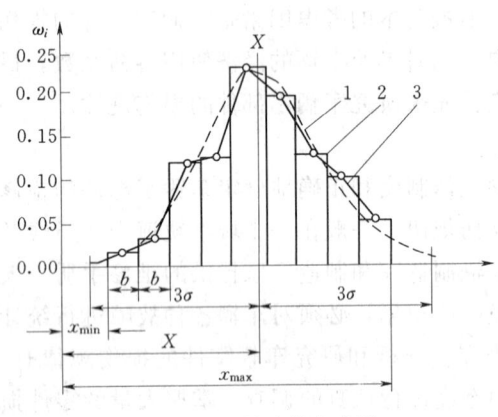

图1-2　尺寸分布曲线
1—理论分布曲线；2—矩形图；3—折线图

这里需要强调的是，研究零部件的损伤规律时，实际的测量次数一定要大于统计学要求的最低限度，这样测量后求得的 X 值和 σ 值才能符合实际情况。将实际尺寸分布曲线与理论分布曲线相对照后，即可判断实际测量统计的可靠性。

每种损伤都有自己的特点和规律，因此，在研究损伤规律时所需考察的数据各不相同，但调查统计的基本方法则是相同的，只是根据不同的损伤形式，确定其不同的调查统计部位和测量方法。

（二）车辆零部件的使用期限

一个零部件的使用期限是指该零部件从开始使用直至零部件因损伤达到了极限程度，从而必须对其进行修理时为止的全部使用时间。零部件的使用期限并不等同于使用寿命。使用寿命是指零部件从开始使用到报废为止的全部使用时间。车辆的零件或部件在运用中不可避免地要遭受到磨损、蚀损、变形和断裂等损伤，丧失其正常的功能而失效，不能继续使用。其中，有些零部件可以通过修理恢复其正常功能而继续使用，这就是该零部件用过了一个使用期限。零部件经过多次修理后，完全丧失其应有的功能而必须报废，这时就称该零部件已用尽了它的使用寿命。

零部件的使用期限主要取决于零部件的损伤情况，损伤达到不能继续使用的程度称为该零部件的极限损伤。零部件的损伤是否已达到极限程度，首先，应考虑零部件本身的强度和刚度是否超过其允许程度；其次，应考虑零件与部件的正常的工作条件，如果零件损伤后的尺寸与外形，改变了该零件在部件中的正常的配合条件，那也不能继续使用下去。

因此零部件的损伤是否达到了极限损伤程度，不仅要从零件本身来考虑，而且要联系零件在相互配合上，以及它在部件和整个车辆中的作用来考虑。例如，车轮踏面，其磨损量几乎与走行公里成正比，规定其极限磨损量为某个数值。当车轮踏面磨损深度超过这个数值时，车轮就不能继续使用，必须进行踏面旋修，恢复其正常的廓形尺寸后，才允许继续使用。然而，从车轮的其他部分，如轮辋厚度来看，可能尚未达到不能使用的程度，而踏面达到极限磨损深度规定值后必须旋修，主要是考虑踏面磨损会影响轮对在钢轨上正常的工作。如果从轮辋厚度来考虑，车轮的使用寿命是根据允许的轮辋最小厚度来确定的。由于车轮踏面多次的磨损和旋修，使轮辋厚度逐渐减小，当厚度小于允许值时，就必须报废。

（三）车辆的经济使用寿命

采用预防性计划检修制度过程中，车辆经过大修时应消除在运用中产生的一切不良状态，使其技术状态接近于新造车的水平。这样，从理论上讲，只要对车辆按既定的检修周期进行大修，就可使车辆无限期地使用下去。但在实际工作中，考虑到修理的经济效益时，并不这样做，而是当车辆运用到一定程度，经过若干次大修后，不再进行大修而报废。车辆最终应使用到什么程度，亦即车辆的使用寿命应多长才最经济呢？

根据极限损伤程度确定了零部件的使用期限后，并不能直接确定车辆的使用寿命。车辆的使用寿命指标，应以能反映车辆的运用性能为依据。车辆的经济使用寿命，就是依据车辆投入运用的时间与进行修理的时间的比值——这一车辆最主要的运用指标之一来表示的。这一比值称为车辆经济使用寿命系数 η。η 可由下式求得：

$$\eta = \frac{T}{T+T'} = \frac{T}{T+\sum T_i} = \frac{1}{1+\frac{\sum T_i}{T}}$$

式中　T——车辆在一个大修周期内的工作日数；

　　　T'——车辆在一个大修周期内的全部停修日数；

　　　T_i——用于各种修程的停修日数。

用于修理上的时间损失，可用相对修理损耗系数 Z 来表示，即

$$Z = \frac{T'}{T} = \frac{\sum T_i}{T}$$

η 值在 0～1 之间变化，η 值愈大，则 Z 值愈小，说明车辆使用寿命愈长。因此，提高车辆使用寿命的途径，在于延长车辆实际运用日数和缩短修理停留时间，一切能延长零件使用期限和提高检修工作效率的措施，都是延长车辆使用寿命的有效的方法。显然，车辆经济使用寿命系数 η 和相对修理损耗系数 Z，是评价检修制度是否合理的指标之一，能保证 η 最大与 Z 最小的检修制度才是经济合理的。

（四）制定检修周期的基本方法

制定经济合理而切实可行的车辆检修制度，需要考虑的因素很多，但主要考虑零部件的使用期限与车辆经济使用寿命这两方面的要求。

由于各种零部件的使用期限长短不一，制定检修周期时，首先要确定最小的定期检修周期。从理论上说，最小的检修周期 T_1 应不大于零部件中最小的使用期限。然而，有些零部件的使用期限过短，修理工作量也不大，若以这类零部件的使用期限作为最小的检修

周期，就会增加定期检修的次数，使车辆相对修理损耗系数 Z 值增大，而经济使用寿命系数 η 减小，同时使大多数零部件不到使用期限就要进行修理而很不经济。因此，将少数使用期限过短、数量不多而且修理工作量又不大的零部件，列为车辆日常维修的内容。这样，通常把车辆的最小检修周期定为一年（或更长些），对使用期限不足一年而又很重要的零部件，例如轴箱装置与制动装置等，对它们可作特殊的规定。而对那些使用期限大于最小定期检修周期 T_1 的零部件测按 T_1 的整倍数进行分类，如表 1-1 所示。

表 1-1　　　　　　　零部件按最小检修周期分类示例

零部件分类	分 类 数	使用期限 T_i 的范围	检修周期
第 1 类	1	$T_1 \leqslant T_i \leqslant 2T_1$	T_1
第 2 类	2	$2T_1 \leqslant T_i \leqslant 3T_1$	$2T_1$
⋮	⋮	⋮	⋮
第 n 类	n	$nT_1 \leqslant T_i \leqslant (n+1)T_1$	nT_1

表 1-1 中零部件分类数 n，可由最大使用期限 T_{max} 与 T_1 的比值来确定，即

$$n = \frac{T_{max}}{T_1}$$

最小检修周期 T_1 确定后，则可进一步确定检修循环结构中最大的检修周期 T_k。车辆运用到最大检修周期时，要对车辆进行全面的检查和修理，经修理后，应接近于新造车的技术状态。因此，确定最大检修周期是制定检修制度的关键。理论上，T_k 可按下式确定：

$$T_k = KT_1$$

式中　K——正整数。

K 值的确定原则是：充分利用各类零部件的使用期限，使车辆经济使用寿命系数 η 值最大，相对修理损耗系数 Z 最小。若 K 值太小，势必使许多零部件不能充分利用其使用期限而提前进行检修。

我国城市轨道交通车辆实行预防性计划检修制度。实际上车辆的零部件很多，使用期限极不一致，因此修理循环结构比较复杂。同时，随着新型车辆的大量生产，维修质量不断提高，车辆零部件的使用期限也不断地延长，修理循环结构与检修周期亦应进行相应的调整。

第三节　车 辆 检 修 限 度

车辆检修限度是指车辆在检修时，对车辆零部件允许存在的损伤程度的规定。例如对车轮这个零部件，规定了踏面损伤深度小于 0.5mm；擦伤长度小于 40mm；车轮直径大于 770mm；轮缘厚度大于 26mm，等等。检修限度是一种极为重要的车辆规章制度。检修限度制定得合理与否，不仅直接影响到车辆的质量和运行安全，而且与车辆检修的成本和经济效果相关。因此，合理地制定检修限度标准，对车辆运营具有重要的意义。

从前面探讨车辆零部件的损伤规律可以看到，确定零部件的检修限度和使用寿命的因素十分复杂。仅用理论计算的方法，往往不能充分反映实际状况，必须以理论分析计算为

第三节 车辆检修限度

基础，并结合长期的实践经验，才能较好地制定出检修限度标准。下面就车辆检修限度的种类，以及制定检修限度时必须考虑的原则作一简要介绍。

一、车辆检修限度的分类

（一）原形尺寸

车辆零部件的原形尺寸及配合原始间隙是车辆设计制造时的允许公差和间隙，是根据车辆设计性能要求、材料性质、加工工艺、使用条件和经验资料确定的。

（二）运用限度

运用限度是允许车辆零部件存在的损伤的极限程度，是零部件能否继续运用的依据。车辆在日常运用中，当零部件的损伤程度达到运用限度时，即表示损伤已达到了极限的损伤状态，则该零部件就不能继续使用，必须进行修理或更换，才能保证列车的安全运行。

（三）修理限度

修理限度是指城市轨道车辆进行定期各级计划检修时应控制的检修限度。各种修程对车辆程度要求不同，因而检修限度也不同。一般分为架修限度和大修限度两种。架修限度和大修限度是车辆进行架修和大修时，零部件允许存在的损伤程度的规定，也是检验损伤修复后是否合格的依据。如架修限度尺寸，它的确定原则是零件和配合的磨合程度。在这个架修限度内，其磨损表面应有足够的磨损余量，保证到下一个架修或大修前不失效。而大修限度的确定原则是车辆零部件的尺寸必须恢复到原设计所规定的原形尺寸和配合尺寸。

车辆检修有多种检修限度，但并不是所有零部件都具有上述全部检修限度的规定。某些零部件只有架修和大修限度，因此在运用限度中，对其损伤程度不作具体规定；类似地，有的零部件只有运用限度的规定，说明该零部件的这种损伤一旦出现，必须通过加修或更换以恢复其原形尺寸。

二、确定车辆检修限度的原则

（一）确定运用限度

确定运用限度（最大检修限度）时，原则上应从衡量该零件在什么条件下不能正常工作为出发点，来确保行车安全。然而，零件损伤到什么程度就会失效是一个比较复杂的问题，不能通过理论计算来确定。为了确定运用限度，首先要分析该零部件的工作条件，调查统计常见的损伤情况，并结合长期的实践经验，以及经济上的合理性与技术上的先进性等原则，综合分析比较后方能确定。

确定运用限度主要考虑的问题如下：

（1）零件本身的正常工作条件。损伤程度是否破坏了正常工作条件或者损伤程度是否使已有的损伤迅速发展而达到危险的程度。例如，轴颈磨损后的最小直径、整体车轮轮辋的最小厚度、底架各梁腐蚀的最大深度和最大面积、轴类和杆件裂纹的最大深度和最大长度等最大检修限度，都是以正常工作条件为基础而确定的。

（2）零部件之间配合的正常工作条件。许多零件损伤的最大限度，除考虑零件本身的正常工作条件外，还要从损伤对零件在部件中与其他零件的配合工作条件的影响程度来确定。例如，车轮踏面的最大磨损限度就是由轮轨间的正常配合工作条件来确定的。又如销与孔的配合，车辆上有大量的销类与孔类的零件，其最大磨损限度，不能只考虑零件本身的强度条件，主要应从销与孔配合的间隙大小来考虑。

（3）车辆运用的安全性和平稳性。许多运用限度的确定，不仅要考虑零件本身或配合工作条件，还要对车辆运行的安全性和平稳性为出发点来确定。

（4）车辆运营的经济效益。运用限度的确定，还要考虑经济、技术上的合理性。

（二）确定修理限度

确定修理限度的基本原则是，修理限度必须符合修程规定的技术质量要求。它是决定零部件在某个修程中是否修理，以及修后质量及装配要求是否合格的检验标准。

确定修理限度主要考虑的问题如下：

(1) 保证零部件安全运行到下次架修或大修。

(2) 各级修程之间的相互配合。

(3) 在保证质量的前提下，尽量节约人力、物力和财力。

第二章　工艺及工艺管理基础

第一节　工艺和工艺管理

一、工艺、工艺过程和工艺管理

（一）工艺

"工艺"一词与常用的"技术"一词有近似或相同的含义。英文单词"Technology"可译为技术或工艺。我国《辞海》中，对"工艺"和"技术"的解释也是近似或相同的："工艺：劳动者利用生产工具对各种原材料、半成品进行加工或处理（如锻压、切削、热处理、检验等），最后使之成为产品的方法，是人类在劳动中积累起来并经过总结的操作技术经验。"；"技术：泛指根据生产实践经验和自然科学原理而发展成的各种工艺操作方法与技能。如电工技术、焊接技术、激光技术、作物栽培技术和育种技术等。广泛地讲，除操作技能外，还包括相应的生产工具和其他物资设备，以及生产的工艺过程或作业程序、方法。"

因此，工艺实际上是利用生产工具对各种原材料、半成品进行加工或处理（如测量、切削、热处理等），使之成为产品的方法和过程。也可以更加具体地将工艺定义为：利用劳动工具改变劳动对象的形状、尺寸、成分、性质、位置或表面状况，使其变成预期产品的一种方法或劳动过程。

对工艺一般有狭义和广义的两种理解。狭义的理解是把工艺等同于加工方法；广义的理解则把工艺理解为工艺技术，或者泛指制造技术。这里采用广义的理解，因为将工艺的范围划得宽一些，加强对其各方面内容的研究，加强各项管理工作，对提高企业的技术水平是非常必要的。

城市轨道交通车辆的维修工作主要是采用各种工艺方法修复车辆在运用过程中产生的零部件尺寸或运用性能不符合技术要求的"损伤"现象，它与一般机械制造工艺，或称机械制造技术类似，是一种应用技术学科。机械制造技术已经形成若干重要的，带有基础性、共性的学科，如铸造技术、锻压技术、焊接技术、热处理技术、表面保护与强化技术、粉末冶金技术、机械加工技术（包括切削加工、精密及微细加工、特种加工等）、装配与包装技术等。

（二）工艺过程

在车辆维修工作中，人们应用多种工艺和装备，改变维修对象的形状、尺寸、相对位置和性质等，使其恢复原来尺寸或使用性能的过程，称为维修工艺过程。维修工艺过程体现了科学技术成果的一种物化，也是生产力的一种具体表现。通过科学的组织与管理，运用工艺过程维护和改进轨道车辆的各种性能，为保证车辆运行安全和发展城市轨道交通做出应有的贡献是每个城市轨道车辆工作人员的崇高职责。

（三）工艺管理

"工艺管理"一词在国家标准《机械制造工艺基本术语》（GB 4863—85）中被定义为"科学地计划、组织和控制各项工艺工作的全过程"。根据这个定义，工艺管理一方面是存在于将原材料、半成品转变为成品的全过程中，对整个工艺过程所实施的科学的、系统的管理；另一方面又有解决和处理工艺过程中人与人之间的生产关系方面的社会科学的性质。

二、工艺管理的基本内容

各种制造企业，包括维修企业，生产或维修的产品类型、规模各有不同，但是其工艺管理一般均应包括下列各项具体内容。

（一）工艺基础工作

工艺基础工作包括以下内容：

(1) 工艺标准化。

(2) 制定与贯彻工艺管理规章制度，明确责任和权限，参与工艺纪律的考核和督促检查。

(3) 工艺情报信息的收集、整理、分析和研究。

(4) 开展工艺培训。

（二）产品生产（维修）的技术准备

产品生产（维修）的技术准备包括以下内容：

(1) 设计的工艺性分析和检查。

(2) 工艺方案设计和工艺规程编制。

(3) 工艺定型（工艺定型包括技术验证、材料消耗定额和工时定额验证、专用工艺装备生产验证，通用工艺装备标准的制定等）。

（三）日常工艺管理工作

日常工艺管理工作，是要保证产品质量的稳定和提高，最大限度地提高劳动生产率和减少物耗，实现文明生产和改善劳动条件等。

日常工艺管理的工作内容一般包括以下几方面：

(1) 分析产品的工艺流程，及时发现和纠正工艺设计上的差错，不断总结工艺实施过程中的各种先进经验，并加以实施和推广，以求工艺过程的最优化。

(2) 组织职工学习工艺文件，切实掌握工艺要求。

(3) 监督和指导工艺文件的正确实施，严格贯彻工艺纪律。

(4) 保持工艺文件的完整和统一，确定工序质量控制点，规定有关管理和控制的技术内容。

（四）工艺装备的设计和准备

工艺装备的设计和准备包括以下内容：

(1) 提出专用工装设计任务书。

(2) 采购标准工装，设计和试制专用工装，并进行验证。

(3) 对采用工艺装备的经济评价。

(4) 工艺装备的管理。
(五) 工艺研究和修改
工艺研究和修改包括以下内容：
(1) 贯穿于产品开发和制造各阶段的工艺研究，考虑结构工艺性。
(2) 围绕提高产品质量、提高生产效率、降低成本进行研究。
(3) 利用研究成果整顿和修改工艺。

第二节　工艺系统和工艺管理系统

一、工艺系统

(一) 工艺系统的定义

系统（System）是具有特定功能的相互间具有有机联系的许多要素（Element）所构成的整体。系统一般具有集合性（整体性）、相关性、目的性、环境适应性、动态性、反馈特性和随机特性等。

工艺系统就是若干硬件的统一集合体。它包括劳动者、机床、夹具、量具、原材料、半成品件以及其他辅助装置等。计算机现在也成为工艺系统的一个重要组成部分。

工艺系统既然具有一般系统的功能和特性，就必然有输入和输出过程。工艺系统的功能是将原材料或半成品（系统输入）转变成成品，生产出优质、低成本的产品（系统输出）。但是工艺系统的正常运行，除了有硬件外，还必须依靠软件（指生产信息，如工艺文件、标准等）的支持。因此，工艺系统不仅包括物质流、能量流，而且还包括信息流。因为现在生产信息在制造和维修过程中起着越来越重要的作用；信息是连接各系统的要素，是形成一定生产组织结构的纽带；工艺过程中信息的投入已逐步成为产品价值的决定因素；信息已成为与设备同等重要的资源。

(二) 工艺系统的基本功能

工艺系统的基本功能是"转变"，即通过多道工序转变加工对象的形态、性质。工艺过程所包括的典型形态转变的加工种类如下：

(1) 变态、变性加工，如电渣重熔、热处理、电化学表面处理、表面保护与强化技术等。
(2) 变形加工，如铸造、锻造、模压、金属切削和切割等。
(3) 连接和组装加工，如焊接、装配等。

以上的典型转变过程中还都必须辅以加工过程中的质量监测、检测和试验等环节。同时，一个产品或零件的形成要经过多次转变（也即多道工序）的工艺过程才能有效地完成全部转变过程。

(三) 工艺过程的技术决策

工艺过程设计是把原材料转变为成品所需的整个工艺路线进行的宏观决策；而工序设计则是对工艺路线中所包括的各个工序进行微观决策。

(1) 工艺过程设计要决定的主要问题：
1) 分析把原材料转变为成品的加工流程，进行流程路线分析。

2) 选择加工流程中的每一个工序的工作位置。图 2-1 所示为机械制造业加工流程的基本类型。

• 顺序型（或串联型）工艺过程——从接到一件主要投入材料直至生产出成品的各工序为直线形排列，例如零件的切削加工等，如图 2-1（a）所示。

• 组合型（或综合型）工艺过程——把经若干个平行工序制造的若干零件和（或）部件组合起来，制成一件主要产品的流程，例如汽车组装等，如图 2-1（b）、（c）所示。

(2) 工序设计关系到生产实施的详细的微观决策。工序的设计要从机器因素和人的因素（人-机系统）的结合，从操作工人的技术熟练程度以及简化工作等方面来进行分析。例如，动作-时间研究分析就是进行工序设计的基本科学方法。

（四）工艺过程的优化和控制

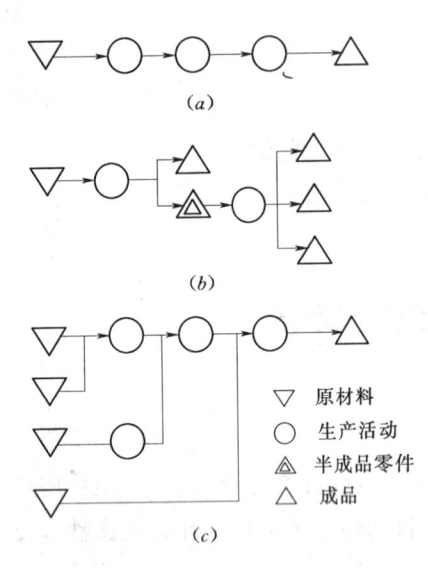

图 2-1 加工流程的基本类型
(a) 顺序型；(b)、(c) 组合型

▽ 原材料
○ 生产活动
▲ 半成品零件
△ 成品

对工艺系统来说，当输入品质参数为一定时，欲达到一定的输出品质参数的要求，往往可以用几种不同的工艺过程方案加以实现。从这些方案中选出最好的工艺过程方案就称为最优工艺路线分析（Optimun Routing Analysis）。最优工艺路线分析通常是以提高劳动生产率、降低生产成本、保证实现产品技术条件的要求为标准的。因此，一般对工艺系统有三点基本要求：

（1）保证零件的质量（几何形状、几何精度和表面粗糙度等）符合图样要求，并且要在整个加工时间内保持质量的稳定性。

（2）选择最佳的加工条件，或经过调节后达到最佳的加工条件，以充分发挥机床的效能，避免在不利的条件下加工，以免损坏机床、刀具或工件。

（3）加工零件的成本应最低。

为了达到上述目的，除了上述正确制定工艺路线，选择工艺方法以及选用机器之外，还必须正确选定加工条件，如切削速度、进给速度等一系列加工参数。

二、工艺管理系统

在现代机械工业企业中，工艺管理系统作为一种信息流，它的功能是对工艺过程进行技术管理和控制，以保证工艺活动按照事先设计的路线、流程和规程等技术要求进行，达到最终生产出合格产品的目标。工艺系统必须在工艺管理系统的控制之下，才能有效地工作。工艺系统赖以运行的各种软件（技术指令等），是由工艺管理系统提供的。

（一）工艺管理在企业管理系统中的地位

在社会主义市场经济条件下，一个企业作为相对独立的商品生产者和经营者，其全部活动就是进行商品（产品）的生产和经营。因此，企业的管理主要是生产的管理和经营的管理，从而形成了企业活动的两大系统——生产系统和经营系统。

企业经营系统涉及的主要是企业的外部活动和生产前的各项活动。它是生产活动的依据和前提，它的主要活动包括市场研究、经营决策、产品的研究和开发、销售服务以及外部信息跟踪等。而企业生产系统涉及的是企业的内部活动，主要是制造过程中的各项活动，主要有：生产计划和作业计划管理、工艺管理、物资供应管理（包括材料、零配件、半成品、工具、刀具等）、设备、工艺装备管理、质量控制与管理、劳动管理、成本与财务管理等。工艺管理系统是生产系统中最基本、最重要、涉及面最广的子系统，也是企业技术研究开发子系统与生产系统结合的桥梁，是技术信息指导生产、控制质量的具体体现。因此它是生产系统中实施行政技术管理的主要信息流。

在产品生产的全过程中，最基本、最主要的内容就是产品及零部件的工艺（制造）过程。而直接指导、服务于制造过程的工艺管理像一条纽带或纵轴融会贯通于生产过程始终，将生产系统中的各项工作有机地联系在一起，形成纵向环节通畅、横向关系协调的完整的生产制造系统（见图2-2）。因此，工艺管理系统在生产系统中起着维系全局举足轻重的作用。

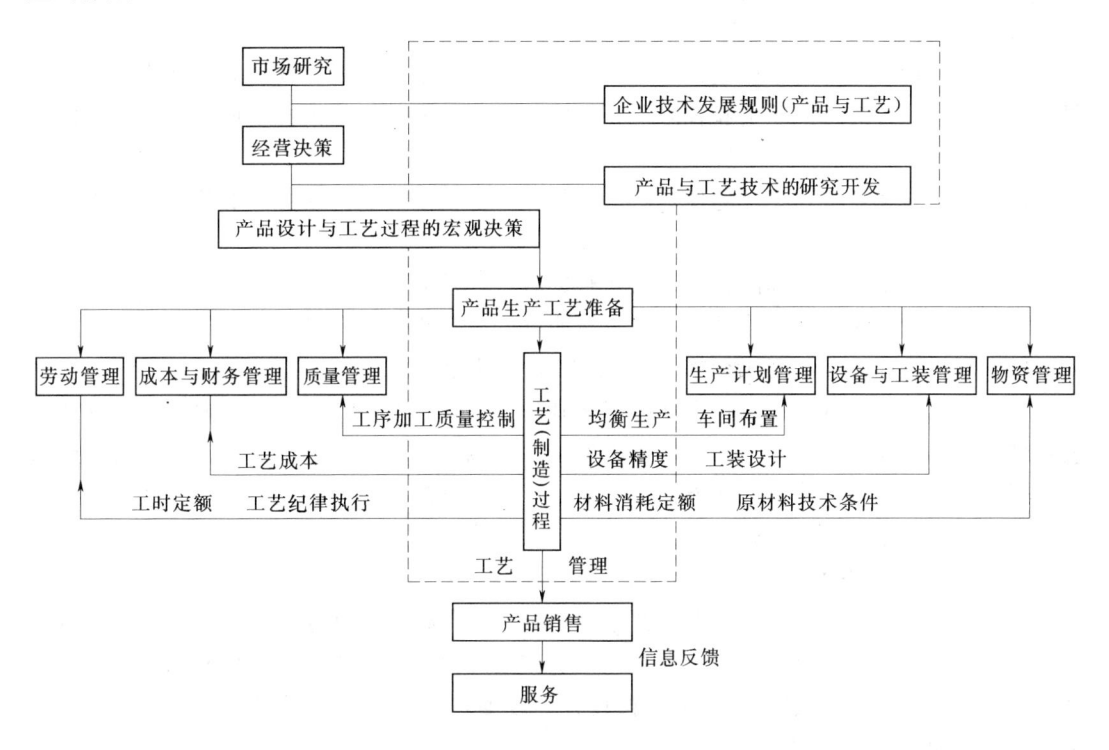

图2-2 企业生产活动中的工艺管理过程及其与其他工作的关系
（虚线内为工艺管理主要过程）

（二）工艺管理体系的工作目标和保证

工艺管理的工作目标是以"优质、高效、经济"为原则，对生产过程中各项工艺工作进行科学的计划、组织和控制，保证按照设计要求制造出合格的产品。为了保证工艺方法和工艺技术在生产过程中得以正确贯彻，并使工艺技术和方法在生产实践中不断提高和发展，因此，必须建立起一个健全、统一、有效的工艺管理系统（或称为工艺管理体系）。

一个具有健全、统一、有效的工艺管理体系企业，所有企业生产系统中的工艺管理人员应当具有正确而全面的工艺管理的思想意识。特别是企业的主管领导，应当清楚地认识到工艺管理在企业生产过程中的基础性地位和纽带作用，始终应具有主动领导工艺管理工作的思想意识。而一般工艺部门的人员应当在做好生产工艺准备工作的同时，积极主动更新、开拓工作内容，深入生产现场，加强新工艺、新材料、新技术和新装备的试验研究，始终具有"创新进取、提高质量、降低物耗、提高经济效益"的意识。生产系统中的各个管理职能部门的人员，也应当认识到，工艺工作贯穿于生产过程的始终，融汇于生产过程中的各个部门和各项管理工作，应当主动配合工艺部门做好有关工艺管理工作。

建立一个健全、统一、有效的工艺管理组织机构是使工艺管理工作的目标得以实现的根本保证，是建立科学的工艺管理体系的基础。因此，每个企业应有明确分管工艺工作的厂级领导人。这个分管工艺工作的厂级领导人应定期召开由他主持、工艺部门负责组织、生产过程有关职能部门负责人参加的工艺工作例会。通过这种有效协调会，统一思想，及时解决工艺过程中产生的问题。

（三）工艺管理标准和制度

一个工艺管理良好的企业应具有完善的工艺管理标准和制度，使负有工艺责任的各个职能部门明确各自的工艺职责和权限，积极发挥其应有的作用。因此，应当建立和制定以下工艺管理标准和制度：

（1）具有指导意义，不可随便更改的，规律性、稳定性、严肃性和法规性强的各类工艺管理标准。

（2）对相关工艺管理部门具有责权明晰的各项管理制度。

（3）对企业各级管理职能部门具有责权明晰的工艺责任和管理制度。

（4）对上述标准和制度执行情况的检查、考核办法。

综上所述，一个具有正确、全面的工艺管理意识，强有力的工艺管理机构，完善的工艺管理标准和制度，才是健全、统一、有效的工艺管理体系。企业只有真正建立起健全、统一、有效的工艺管理体系，才能保证企业在市场经济的竞争中，始终立于不败之地。

三、工艺管理水平的评价

（一）衡量工艺管理水平的主要标志

过去国内曾经提出过反映企业工艺水平提高的五条标志，即建立起健全、统一、有效的工艺管理体系；有一套能充分发挥工艺人员作用的办法；完善工艺文件和规章制度，严格考核办法，执行"三按"（按标准、按设计、按工艺）、"三定"（定机、定人、定工种），工艺纪律有明显好转；建立起文明生产秩序；消除因工艺管理不善而造成的产品质量问题。

如果对上述五条标志进行细化和深化，可将衡量工艺管理水平的主要标志归结为以下内容：

（1）认识工艺管理在企业中的重要地位，已在企业中建立起健全有效的工艺管理体系、工艺保证体系和工艺监督体系；实行分级负责，专人监督，使信息能及时反馈，人人关心和注意工艺工作。

（2）生产秩序文明，产品生产均衡，积极采用先进、科学的现场管理方法。

（3）开展各种技术培训和岗位练兵，提高职工文化素质、技术水平、操作技能和职业道德。

(4) 工艺装备不断得到更新。

(5) 工艺文件具有较高的水平，工艺方案和工艺流程设计合理，工艺过程优化，能较好地发挥工艺装备的能力，从而提高劳动生产率。

(6) 开展加强工艺管理、严格工艺纪律的活动，提高产品生产的一次合格率和优等品率，降低物耗、提高经济效益。

(7) 采用计算机信息管理，加强技术基础数据的收集、分析和积累。对已取得的技术成果不断巩固、完善和提高，建立完善的企业管理信息系统。

(二) 工艺管理水平评价指标体系

为了科学地评价企业工艺管理的水平和提高的程度，应有一套与工艺管理水平主要标志相对应的评价指标体系。其内容和含义如下。

1. 管理体系

建立健全有效的工艺管理体系、工艺保证体系和工艺监督体系，实行分级负责制，明确各部门的职责，专人监督，信息及时反馈，不断提高工艺工作的质量。

企业一般建立以技术副厂长（或总工程师）为首的工艺管理体系，有的大型企业还设立总工艺师。厂级工艺部门应设立产品工艺员。有的企业在工艺部门设立工艺试验研究室。

根据企业情况和条件，工艺管理体系可以是两级管理或一级管理。但无论几级都必须制定和完善各项工艺管理制度，职责明确，工作有序。

为了严格执行工艺纪律，可建立和制定企业各部门的工艺责任制条例，明确规定各岗位人员的工艺责任。企业和车间的领导要带头遵守工艺法规、尊重科学技术，不允许违背工艺规程而按个人主观意志指挥生产。各业务部门要根据工艺文件规定组织生产；供应部门要以工艺要求订购原材料、标准零部件及工具；生产计划调度部门要按工艺路线、工艺节拍组织生产调度，保证生产均衡进行；动力部门要提供符合工艺参数要求的风、水、电、汽等动力；设备部门要保证设备符合工艺精度要求；质检部门要根据工艺提供的检验卡片规定的项目及时准确检验，并加强计量管理；工具部门要按工艺要求提供合格的工、卡、模、量、刀具；生产辅助工序、仓库、运输岗位人员要按工艺要求正确有效地搬运和发放原料、辅助材料及半成品等，以保证生产全过程工艺要求的严格执行，达到控制和提高产品质量的目的。

为确保企业工艺责任条例的贯彻执行，企业要建立工艺监督体系——科室监督和生产操作监督。生产操作监督由质检部门负责，由专职工艺监督员进行巡回检查，每日填写违反工艺事件登记表，并及时反馈到有关部门，每月公布检查结果并与奖励挂钩。科室管理部门的工艺监督由全质办负责，每月收集生产车间监督员的反馈表及其他质量信息，分析落实责任部门，每月评定各管理科室的工艺责任制执行结果，并提出处理意见。

2. 工艺文件

工艺文件是指导生产操作、编制生产计划、调动劳动组织、安排物资供应、进行技术检验、工装设计与制造、工具管理、经济核算的依据。工艺文件要做到正确、完整、统一、清晰。

(1) 工艺文件的正确性。生产中产品的技术文件要做到正确、清晰，符合有关标准规定，能切实指导生产，保证生产稳定进行。工艺流程安排合理，工艺规程切合实际，并有验证合格标记，签署完整，能指导操作。保证产品的加工质量。工艺文件的正确率按下式计算：

$$正确率 = 正确的技术文件数 / 抽查的技术文件数 \times 100\%$$

（2）工艺文件的完整性。根据生产类型和产品的复杂程度，参照 JB/T 91651—1998 中指导文件的规定，结合有关方面的要求，制定产品相应的技术文件完整性标准。工艺文件要齐全完整，关键工序要有质量控制作业指导卡。各类图纸齐全，无缺图。技术文件要分类装订成册，整齐美观。

工艺文件的完整率按下式计算：

$$完整率 = 已有技术文件数 / 应有技术文件总数 \times 100\%$$

（3）工艺文件统一性。各种技术文件的蓝图与底图要统一，各部门（工艺、质检、生产）使用的技术文件要统一，技术标准、设计图样和工艺文件相关的要求要统一。

工艺文件的统一率按下式计算：

$$统一率 = 统一的技术文件数 / 抽查的技术文件数 \times 100\%$$

3. 工艺纪律

严格工艺纪律是加强工艺管理、开展工艺突破口的中心内容，是保证产品质量，消除各种事故的关键措施。首先必须建立完善的工艺管理制度和完善的各类工艺人员岗位责任制。同时还需建立切实有效的企业工艺纪律实施细则和考核办法。严格进行考核，并开展经常性的工艺纪律教育，提高职工遵守工艺纪律的自觉性。

考核工艺纪律的办法主要是考核工艺执行率。对工艺执行率的考核还需对主导产品特性和主管产品零件按难易程度分成 ABC 三类进行管理。

工艺执行率按下式计算：

$$工艺执行率 = 抽查中实际执行项数 / 抽查中应执行的总项数 \times 100\%$$

ABC 各类的要求：

（1）A 类零件质量控制点上 A 类质量特性的工艺规程或作业指导书中规定的内容执行率为 100%。

（2）B 类零件质量控制点上 A 类质量特性的工艺规程或作业指导书中规定的内容执行率为 95%。

（3）A 类零件及 B 类零件中的非 A 类质量特性的工艺规程所规定内容的执行率为 90%。

（4）C 类零件工艺规程中所规定内容的执行率为 90%。

对生产工人实行定人、定机、定工种，新设备、关键设备和关键工种均应实行"三定"。生产工人都应经培训合格并符合要求的技术等级，才能顶岗生产。关键设备和工种如锅炉、压力容器及焊工、无损检测人员以及有规定的特殊工种等，必须按有关规定，经考试合格，发给操作证，在证书有效期内可以从事相应的生产操作。

生产人员要按技术标准、按设计图样、按工艺文件进行生产，并严格执行工艺参数，按规定做好生产记录。对技术文件中规定的有关时间、温度、压力、真空度、电流、电压和材料配方等工艺参数必须一丝不苟地严格贯彻执行，脱离工艺生产应按规定审批手续办理。生产记录经检查人员校对后存档备查。

4. 现场管理

生产现场是企业生产力各种因素的结合处,也是各项管理的集中体现。因此也是衡量企业素质和管理水平的一个重要标志。

现场管理的重点是现场工序质量控制,就是对人、机、材料、工艺方法、检测和环境等因素进行综合管理。现场管理以设备工装管理、物料管理、工艺管理、计量器具和测试仪器管理、均衡生产以及文明生产管理等为基础,但不是上述这些管理的简单叠加,而是一种综合、深化、提高和发展。

(1) 全厂各职能部门和辅助部门都应按照技术标准、设计图样和工艺文件的要求,为生产做好准备工作和服务工作,并负相应的责任。

(2) 加强质量控制点管理。产品的质量问题主要产生在制造过程中。生产中的工序质量控制点是全面质量管理和工艺管理的结合点,应在 A 类零件和 B 类零件的关键工序上建立质量控制点,加强工序管理,把现场质量管理与工艺管理密切结合起来。工艺管理部门要把全面质量管理所规定的文件表格纳入工艺文件中,应使关键零件的关键工序卡和质量控制点上的作业指导书合并统一。质量检验部门要加强对质量控制点工艺文件贯彻的监督和检查。

工序质量控制点上一般应具备下列工艺文件:

1) 工序质量控制卡、流程图及明细表。

2) 工序质量表。

3) 作业指导书。

4) 检验记录表。

在上述分级工艺文件上应对工序质量控制点的质量特性进行 A、B、C 分级。

(3) 在生产现场推行定置管理。定置管理是对生产工作现场物品的定置过程进行设计、组织、实施调整,并使生产、工作现场的管理达到科学化和规范化,使生产现场中人、物、现场三者合理结合,为生产者在规定的时间内用最低的成本制造出用户满意的产品、创造良好的客观条件。定置管理要求物件按区、按类放置。A、B、C、D 四类标志正确,要有专人负责。定置管理能解决好人、物、现场的合理关系和结合状态,提高工作效率和文明生产水平,提高职工的素质。

定置率按下式计算:

$$定置率 = 实际定置物的数量 / 定置图规定定置物的数量 \times 100\%$$

实现定置管理的生产现场能保持整洁,走道畅通,地面无油污杂物,铁屑及时清理。物品堆放整齐,标志鲜明,做到横平竖直、井然有序。生产过程中生产人员遵守劳动纪律和安全生产规定。内外环境清洁,设备保养干净,窗明壁净,图表整齐。

(4) 生产作业计划要严格按工艺流程合理安排,做到均衡生产,无突击生产现象。

5. 提高工艺管理水平后的成效

提高工艺管理水平后,企业的一些综合性指标,会有很大的变化,其成效主要表现在以下几方面:

1) 提高产品质量。影响产品质量的因素很多,其中工艺管理是一个重要因素。工艺管理落后、工艺纪律松弛是影响机械产品质量的主要原因。加强工艺管理,严格工艺纪律，能稳定产品质量，并在稳定的基础上逐步提高产品质量。

2）提高劳动生产率。加强工艺管理后，随着工艺纪律的严格执行，工艺文件的整顿，工艺人员积极性的发挥，必然会降低返工率，推动劳动生产率的提高。

3）降低消耗。加强工艺管理，降低废品率，是降低物质消耗最重要、最直接的途径。制定合理的材料定额，可提高材料利用率，降低产品成本。

4）增加利税。

5）减少生产事故。生产中发生的人身和设备事故，很多是因违反工艺纪律和操作规程造成的。因此，加强工艺管理、严格遵守操作规程，可以实现安全生产，减少生产事故的发生。

第三节 工艺文件和工艺规程

一、工艺文件

（一）工艺文件的概念和作用

工艺文件是按一定的条件，取其最合理的工艺过程的内容和实现工艺过程的程序、方法、工具和设备，以及工艺过程中每一个环节应遵守的技术条件，用文字表示的形式。

工艺文件是企业管理的文件，特别是企业技术管理的重要文件，也是开展工艺工作的依据。每个企业都必须具有正确、齐备的工艺文件，并认真地贯彻实施，才能使工艺工作正常地开展，保证企业工艺在运行过程中的正常秩序。

工艺文件的主要作用有以下几方面：

（1）用于组织生产，建立正常的生产秩序。

（2）指导技术工作，保证产品质量。

（3）编制生产计划和生产作业计划的重要依据。

（4）调整劳动组织的依据。

（5）安排物资供应的依据。

（6）加强工具、模具管理的依据。

（7）经济核算的依据。

（8）巩固工艺纪律的必要前提。

（9）产品转让生产时资料交接的重要组成部分。

（10）便于总结工艺工作中的经验和进行工艺工作的整顿。

（二）工艺文件的内容和种类

工艺文件的内容包括工艺规程、检验规程、工艺装备图、劳动定额表、原材料和工具消耗定额表，以及其他表格卡片等。在大批量生产时，还包括设备负荷计算，设备布置设计，劳动组织和工作场地设计，运输方案设计及其他服务于工艺过程的辅助设施的设计。

在工艺文件中，最主要的是工艺规程。

工艺文件通常可分为以下几类：

（1）基本工艺文件。这一类工艺文件是提供给企业组织生产技术准备工作和进行生产的最基本的技术文件，也是对产品的零件、部件和整件的工艺设计或工艺计划。它规定了制造对象在何处生产、经过怎样的工艺路线、经过多少道工艺工序、用哪些设备、用何种工艺装置,还规定了材料的工艺定额、工时、台时损耗的工艺定额等一切在生产中进行组织管理所需要的资料。其中主要包括零件工艺过程卡、装配工艺过程卡、工艺卡和元器件卡等。

(2) 指导技术的工艺文件。这是一类通过长期工艺实践经验总结编写出来的指导工艺工作的文件,如工艺说明及简图等。

(3) 为其他科室提供的统计汇编的资料。如专用工装综合明细表、标准工具综合明细表、材料消耗工艺定额综合明细表和工时消耗工艺定额综合明细表等。

(4) 管理工艺文件用的格式。如工艺文件封面、工艺文件更改通知单、工艺文件目录和工艺文件明细表等。

(三) 编制工艺文件的原则

编制工艺文件是为了使企业的工艺工作有章可循,保证工艺的贯彻和合格产品的生产。根据这样的目的,编制工艺文件的原则是既要能起到指导技术工作、组织生产的作用,同时还要考虑使用条件和使用方便。工艺文件要求做到正确、完整、统一、清晰。在编制工艺文件时,首先要满足工艺设计的要求,确定合理的工艺过程;其次要满足生产技术准备工作的需要,给各技术准备工作业务部门为这个产品投入生产(或试制)准备提供依据;再则,还要适应和有利于做好原始记录和经济核算工作。总之,在编制工艺文件时,必须同时考虑技术和经济各方面的需要。

(四) 对工艺文件要求整齐配套

工艺文件的种类不宜过多,以便缩短周期;但也不能太少,否则便会满足不了工艺工作的要求。从总体上说,工艺文件必须符合齐套性的要求。工艺文件的齐套,为企业工艺管理科学化、实现生产活动的正常秩序提供了条件,也为企业的工艺工作符合程序要求提供了依据。工艺文件齐套的内容,应结合企业产品的具体情况(产品类型、生产规模和组织管理方式等因素)而确定。一般可按以下几种情况要求整齐配套:

(1) 产品设计定型时的工艺文件齐套性要求。

(2) 产品生产定型时的工艺文件齐套性要求。

(3) 样机试制或一次性生产产品的工艺文件齐套性要求。

(五) 工艺文件编制的程序和分工

工艺文件编制的程序因企业的规模、机构设置、人员配备、生产类型及管理基础工作等条件的不同而有所区别,但工作内容、编制的程序、部门和人员的分工是大致相同的。编制的工艺文件根据所编制的项目内容不同,分别由产品主管工艺员、专业工艺员、检验员、材料定额员和劳资定额员等编制。

在工艺文件的编制过程中,还要建立审核会签制度,以明确工艺文件拟制者、审核者、会签者和批准者的职责。工艺文件既是企业组织生产的主要依据,是工艺操作者必须遵守的法规,因此,编制工艺文件应保持严肃性。工艺文件编制完成后,需履行审核、会签、批准等手续后方能生效。

工艺文件的拟制者,应对所拟文件的内容正确、完整及先进性、适应性及生产安全负责,并根据审核时发现的错误和提出的意见,负责及时进行修正。工艺文件的审核者,应对文件的正确性、完整性、先进性、适用性等进行全面审查,保证工艺上的相互衔接,并符合有关的规定。工艺文件的会签者,应对会签文件的内容在本部门运行中的合理性和可能性提出意见,以使文件更加切合实际需要。工艺文件的批准者,主要是对批准的文件符合方针政策和有关规定负责,对批准的文件内容的完整性及工艺方法的正确性、先进性、适用性等方面,保证没有原则错误等负责。

二、工艺规程

(一)工艺规程的概念和作用

工艺规程是工艺文件中最主要的部分,它是在工艺过程中使用的工艺文件。工艺过程是使用工艺方法,使加工对象实现物理、化学等性质转换,达到工艺加工的要求,成为成品的过程。在这一过程中,必须具备一系列规范的工艺文件,作为操作者操作的依据,也作为考核工艺贯彻情况的标准。因而,工艺规程在生产制造过程中是十分重要的,是保证产品质量的重要"法规"。

工艺规程不仅是直接指导现场操作的重要技术文件,也是安排计划、生产调度、质量检验、劳动组织、材料供应、工具管理以及经济核算的技术依据。

工艺规程是在生产技术实践过程中总结的经验,并在生产技术实践中经过改进和完善,不断地丰富和发展起来的。它来源于实践,又为实践服务,成为企业生产技术实践中不可缺少的依据。

工艺规程的作用主要表现在以下几方面:

(1)保证产品质量。工艺规程是生产技术实践的产物,是被实践所证明符合客观规律的行为规范。只要操作者按照这些规范去操作,就可以保证工艺过程的正常进行。反之,如操作者不遵循工艺规程的规定搞"操作自由化",就会违反客观规律,造成严重的不良后果,影响产品的质量。

(2)便于计划和组织生产。工艺规程是指导日常生产的基础文件,也是建立正常生产秩序的重要依据。企业生产计划部门在编制生产作业计划时,也要根据生产计划和工艺规程,才能合理地确定生产作业进度,即安排零件的投产时间和批量大小,调整设备负荷,并及时下达计划任务使工艺过程有计划地进行。在此基础上,操作者如准确地依照生产作业计划和工艺规程的要求进行操作,就可以保证生产按正常的秩序进行。企业的生产作业计划的执行如发生问题,需要进行临时调度时,工艺规程也是必须考虑的内容。

(3)有利于充分利用设备,提高劳动效率。工艺规程提供了工艺过程中的规范,就为操作者提高设备利用率和劳动效率提供了有力的工具。俗话说"没有规矩,不成方圆",有了工艺规程,操作者的生产活动有了规范,就省去了许多思索、判断的时间,无论调整设备或实行工艺加工都方便得多,因此必然会大大加快速度,提高效率。

(4)工艺规程是进行生产技术准备工作的依据。如模具、夹具、量具和刀具的制造和采购,原材料、半成品、外购件和外协件的供应及人员的调配,都直接或间接地与工艺规程有关。

(5)为企业的筹建、改扩建计划提供依据。在企业新建、扩建、改建中,根据产品零件的工艺规程及其他资料,可以统计出所建车间应配备的设备的种类和数量,进一步计算出所需的车间面积和人员数量,确定车间的平面布置,厂房基建的具体要求。

(二) 工艺规程的类型

工艺规程一般可分为以下三种类型：

(1) 专用工艺规程。专用工艺规程是针对每一个产品和零件所设计的工艺规程。

(2) 通用工艺规程。

1) 典型工艺规程。为一组结构相似的零部件所设计的通用规程。

2) 成组工艺规程。按照相似原理将零件分类成组，为每一组零件所设计的通用工艺规程。

(3) 标准工艺规程。标准工艺规程是指已纳入标准的工艺规程。

(三) 工艺规程的内容、格式及使用范围

工艺规程的主要内容包括：产品及各个部分的制造方法与顺序，设备的选择，切削用量的选择，工艺装备的确定，劳动量及工作物等级的确定，设备调整方法，产品装配与零件加工的技术条件等。工艺规程的主要格式有工艺过程卡（或称为工艺路线卡）、工艺卡（或称为零件卡）、工序卡（或称为操作卡）及工艺守则。另外，作为辅助性文件形式的，还有检验卡、调整卡等。

工艺规程是以工艺卡片和工艺守则的形式反映出来的。各个企业的工艺规程的繁简程度可以有很大的不同。这主要取决于产品生产规模、产品的重要性及复杂程度。一般说来，单件小批生产的产品和样品试制，除了重要的零件和关键的工序需要制定工序卡片外，一般都只编制工艺过程卡片和工艺卡片。生产批量比较大的产品和零件，需要比较详细地制定工艺过程卡片和工艺卡片。大量流水生产的绝大部分零件，则要制定工序卡片。

(1) 工艺过程卡片。单零件编制，它规定了该零件在整个制造过程中的工艺路线，所以也称为工艺路线卡，主要用于计划、调度和单件小批生产的产品。

(2) 工艺卡片。单零件编制，它规定了该零件在某一阶段的工艺路线，可用于各种批量生产的产品。

(3) 工序卡片。按产品或零件的每道工序编制，主要用于大批量生产的产品和单件小批生产中的关键工序。

(4) 操作指导卡片（即作业指导书）。用于建立工序质量控制点的工序。

(5) 工艺守则。根据同类专业工艺操作编制，为某一专业共同遵守的通用操作规程，不受某一企业单位具体条件限制。一般在铸造、锻造、热处理、焊接和表面处理等行业或专业中编制。

(6) 检验卡片。用于关键工序或最终检验。

(7) 调整卡片。用于自动机床和弧齿锥齿轮机床加工。

(8) 毛坯图。用于铸、锻件毛坯的制造。

(9) 工艺附图。根据需要与工艺卡片或工序卡片配合使用。

(10) 装配单元系统图和装配工艺流程图。用于复杂产品的装配，与装配工艺过程卡片或装配工序卡片配合使用。

上述工艺规程的格式与内容（包括工艺规程的幅面、表头、表尾和附加栏），除毛坯图、装配工艺流程图和装配单元系统图外，在 JB/T 91652—1998 中均有具体规定。

（四）设计工艺规程的基本原则和主要依据

工艺规程设计是工艺准备的基本工作。设计工艺规程就是根据工艺方案中所确立的各项技术经济指标和工艺原则，结合生产条件，将制造产品或零件的工艺过程和操作方法，通过文件或附图的形式明确具体地表示出来。

在设计工艺规程的过程中必须遵循一些基本原则，具体如下：

（1）在充分利用本企业现有生产条件的基础上，吸收国内外先进工艺和最新技术，保证制定的工艺规程具有先进性、可行性。

（2）保证产品质量，尽量提高生产效率和降低成本消耗，以获得最大经济效益。

（3）必须符合国家劳动安全法和环境保护法，具有良好的劳动条件和工作环境。

（4）工艺规程应达到正确、统一、完整、清晰的标准。

（5）结构特征和工艺特征相近的零件应尽量采用通用工艺规程。

（6）工艺规程的幅面、格式、填写方法与编号应分别符合 JB/T 91652—1998 和 JB/T 9166—1998 的规定。

（7）工艺规程中的计量单位应全部使用法定计量单位。

（8）工艺规程中所用术语、符号和代号要符合相应标准的规定。

设计工艺规程的主要依据和资料来源如下：

（1）产品图样和技术标准。

（2）产品工艺方案和生产大纲。

（3）产品零部件工艺路线表或车间分工明细表。

（4）相关工艺标准、手册、图册和设备、工艺装备资料以及劳动定额资料。

（5）企业规定或考核的各项技术经济指标。

（6）有鉴定结果以及成熟经验的国外同类产品的生产工艺资料。

（7）已有的通用或标准工艺规程。

（8）本企业现有生产条件，包括：现有生产车间的平面布置图；现有设备（包括专用设备）的规格、性能以及制造和改造能力；现有工艺装备的规格和使用情况以及制造专用工艺装备的能力；现有工人的技术水平；等等。

（五）工艺规程的设计程序

工业产品，特别是机械工业产品，都是由大量零部件组成的。因此零部件工艺规程的设计是工艺规程设计中数量最多，工作量最大的部分。现将其主要的设计程序叙述如下：

（1）专用工艺规程设计程序：

1）按设计依据，熟悉和分析所需原始资料。

2）选择毛坯形式（包括型材、板料、铸件、锻件、焊接件、冲压件和挤压件等），并确定其制造方法。

3）拟定工艺路线、设计工艺过程。工艺路线是指产品或零部件在生产过程中，由毛坯准备到成品包装入库的全部工艺过程的先后顺序。工艺路线的设计是设计工艺规程的关键；对保证产品质量、合理利用设备、促进生产管理和提高劳动生产率都有重要作用。工艺路线设计完毕，应提出工艺路线表（或车间分工明细表）车间设备的平面布置和工艺过

第三节 工艺文件和工艺规程

程卡片等文件。

4) 设计工序，确定各工序中的工步顺序和内容；确定各工序所用设备；确定各工序所用工艺装备；确定各工序的加工余量，计算工序尺寸；确定各主要工序的检验方法，在进行工序设计时，应会同质量管理部门共同确定工序质量控制点以及工序质量的信息反馈与处理的规定。

5) 提出各种明细表（包括外购工具、企业通用工具和工位器具等）。

6) 制定工艺定额。

7) 为了达到所设计的工艺过程符合最大经济效益，还需检查和整理以上各项工作，最后正式填写工艺规程（包括工艺过程卡片、工艺卡片、工序卡片、工序质量表和操作指导卡片等）、设备清单和正式绘制车间设备平面布置图。

(2) 典型工艺规程设计程序。典型工艺是根据零件的结构功能等特征进行分类编组，对同组零件制定统一的加工方法与过程。

典型工艺规程设计程序如下：

1) 熟悉设计工艺规程所需技术资料。

2) 将产品零部件分组。

3) 确定每组零部件中的代表件。

4) 分析每组零部件的生产批量。

5) 根据每组零部件的生产批量，设计代表件的工艺规程。以下与专用工艺规程设计 2) ~7) 相同。

(3) 成组工艺规程设计程序。成组技术是将企业的多种产品、部件和零件，按一定的相似性准则分类编组，并以这些组为基础，组织生产各环节，从而实现多品种中小批量生产的产品设计、制造和管理的合理化。成组技术虽然涉及产品设计、生产技术准备、工艺技术管理以及材料与工具的供应等，但最先发展及其核心为成组工艺。采用成组工艺，可使企业在单件小批生产条件下能经济、合理地采用大批量生产的方法和手段，以获得很大的经济效益。

成组工艺规程设计程序如下：

1) 熟悉设计工艺规程所需技术资料。

2) 将产品零部件分组按成组技术零件分类、归组，并给予代码。

3) 确定具有同一代码零件组的复合件。

4) 分析每一代码零件组的生产批量。

5) 设计各代码组复合件的工艺规程。

6) 设计各复合件的成组工序，以下与专用工艺规程设计 5) ~7) 相同。

(4) 工艺守则编制。工艺守则又称为生产守则或生产详则，是某一专业工种（不限于一个企业）共同遵守的通用操作规程，是主要工艺规程之一。工艺守则主要用于某些类型相同的零件且性质相同的操作方法。某些重要的关键工序定出工艺守则，可补充相应工艺规程的不足，为保证工艺规程的正确执行创造必要的条件。

工艺守则作为一项综合性的技术指导文件，同一般的工艺规程（工艺过程卡片、工序卡片）相比，它的适用范围更加广泛，如型砂处理的工艺守则，很多工厂都可通用。

工艺守则一般包括以下内容：
1) 适用范围——该守则适用于哪一类零件（部）的加工工艺。
2) 材料及配方——与加工工艺有关的工艺材料的牌号、名称、规格及配方比例。
3) 加工时所需设备及工艺装备。
4) 操作前应做的准备工作。
5) 应遵守的操作方法和顺序以及给定的工艺参数，必要时配以图表，更加形象直观。
6) 质量检验标准及检验方法。
7) 技术安全与注意事项。

此外，根据专业不同，尚可写入包装、标记、运输和储存等要求项目。

工艺守则的主要应用范围如下：
1) 铸造。熔炉、型砂处理、造型、浇注、清理等工艺守则。
2) 锻造。加热、缴税拔长、冲孔、切割、弯曲等工艺守则。
3) 热处理。淬火、退火、正火、回火、渗碳、发蓝等工艺守则。
4) 焊接。备料、装配、焊合、清理等工艺守则。
5) 表面处理。液浸、清洗、抛光等工艺守则。
6) 装箱。厂内起重、搬运（特别是大型或精密零件）等工艺守则。
7) 其他专业性工艺。如锅炉管弯曲、绕电机线圈、线圈绝缘处理等工艺守则。

工艺守则的格式与填写规则可见 JB/T 91652—1998 修订版。

（5）装配工艺规程设计程序。装配工艺也是保证产品质量的重要环节。加工质量很好的零部件，如果没有完善的装配工艺，也出不了高质量的成品。装配工艺规程是装配工艺技术和管理的重要文件，因此设计时应保证装配质量、缩短装配周期，减少钳工装配工作量和装配面积。产品的装配因与毛坯制造、零件加工有不同特点，所以在工艺规程设计上也有差异。

装配工艺规程设计程序如下：
1) 划分"装配单元"，选择装配组织形式。即分析产品装配图和有关原始资料，将产品分解为可以独立进行装配的"装配单元"，绘制装配单元系统图（见图2-3）。

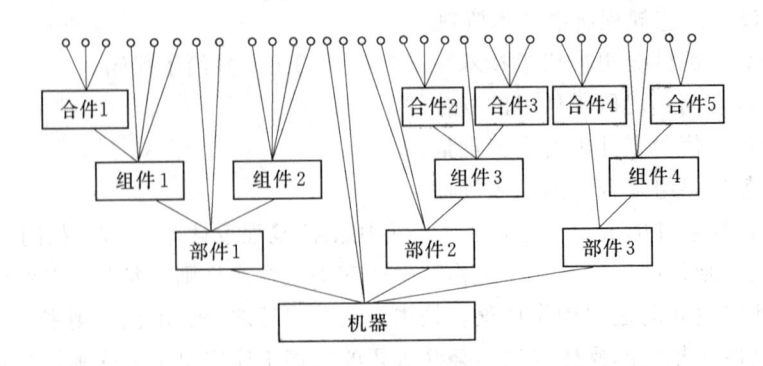

图 2-3 装配单元系统图

2) 设计装配工艺过程。根据组件（可再细分级）、部件和整机等"装配单元"的不同，划分组装、部装和总装等过程。

3) 设计装配工序。确定各工序所有工步的加工内容和顺序以及设备、工装、辅助材料等。

4) 编制装配工时定额。

5) 填写装配工艺规程。

在单件小批生产条件下，一般只编制装配工艺过程卡片（有时配以装配单元系统图），也可用装配工艺流程图（见图2-4）替代，与装配工艺守则配合使用。对于重要工序，一定要有装配工序卡片。

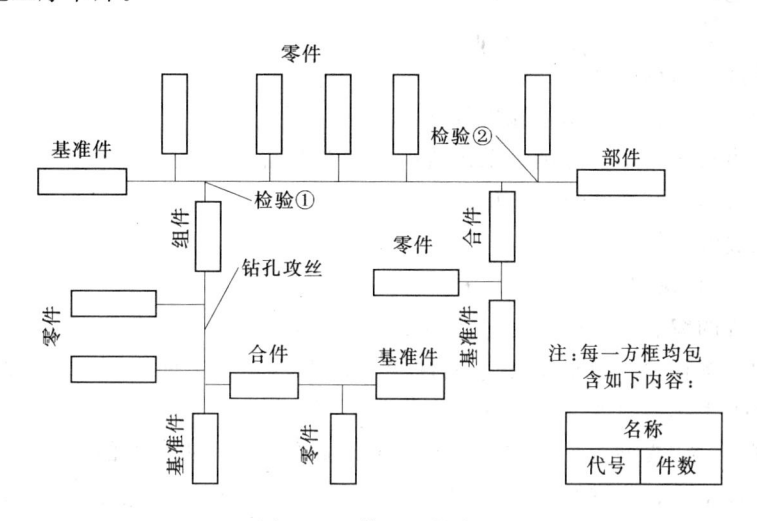

图2-4 装配工艺流程

装配工艺规程除装配单元系统图和装配工艺流程图外，其余有关卡片格式与填写规则按 JB/T 91652—1998 修订版执行。

（六）工艺规程的审批程序

（1）审核。一般工艺规程，由设计者自校后，产品主管工艺师（或工艺组长）、专职（或兼职）工艺标准员审查，关键工艺规程可经工艺科（处）长审核。其审核内容主要如下：

1) 工艺规程是否符合设计原则和工艺方案要求，是否达到规定指标。

2) 工艺路线、工序内容、工艺要求、所用设备和工艺装备是否正确合理，有无违反安全标准和环保规定。

3) 工艺规程的格式、幅面、术语、符号、代号、计量单位等以及材料规格和工艺参数（加工余量、切削用量、工艺尺寸、工序公差和表面粗糙度等）是否符合标准。

（2）会签。工艺规程经审核后，应由有关车间和部门会签。其主要会签内容如下：

1) 根据本车间的生产能力，工艺规程中所定内容（毛坯制造、零件加工和产品装配）能否实现。

2) 工艺规程中所用设备、工艺装备和检测仪器是否合理，自制或改装有无可能。

（3）批准。经会签后的成套工艺规程，一般由工艺科（处）长批准；成批生产的产品和单件生产的关键产品的工艺规程应由总工艺师批准。

（七）工艺规程设计的评价

为了提高工艺规程设计质量和工艺人员技术水平，企业创造条件，对工艺规程设计进行评价。其评价指标如下：

(1) 工艺方案的体现程度。

(2) 设计原则的贯彻率。

(3) 工艺文件的正确率、完整率和统一率。

(4) 新工艺的应用率和成效率。

(5) 标准化的符合率。

(6) 技术经济指标的达标率。

(7) 通用工艺规程的采用率和成效率。

(8) 工艺事故发生率，即由于工艺规程或工艺装备设计不善而引起的重大人身、质量或设备事故次数与工艺文件总数之比。

三、工艺文件的管理

（一）工艺文件编制的管理

在工艺文件的编制工作中，工艺部门要做好一系列的管理工作。其中主要的一项是坚持工艺文件的审批程序。以保证工艺文件的正确性。工艺文件拟制后，应按程序履行审查、会签、批准手续，对各个环节的责任作如下划分：

(1) 拟制者。应贯彻有关的方针政策和规定，充分考虑本企业的生产技术条件，对文件的正确性、完整性、先进性、适用性及安全生产负责。在工艺文件会签中，要听取各方面的意见，吸纳其正确、合理的内容，及时修改。

(2) 审核者。应对文件进行全面审查，保证工艺的互相衔接，并适应企业的生产技术条件。审核者应对工艺方法的准确性、先进性、合理性负责。

(3) 会签者。审查会签文件在本单位贯彻的合理性和可行性，提出修改意见，并作为相应的生产技术准备工作，使工艺文件能迅速贯彻。

(4) 批准者。主要对有关方针政策和规定负责。

工艺文件由工艺部门拟制。为了保证所拟制的工艺文件的质量，在工艺部门内部应建立相互审核的关系。各车间（部门）负责人会签需在本车间（部门）贯彻的工艺文件，最后由工艺科长（或科长指定的主管工艺人员）签字批准。

工艺文件的批准权属工艺科，其中工艺方案、工艺守则及成套工艺文件的封面由总工程师（技术副厂长）签字批准。

（二）工艺文件的更改

随着技术进步和企业生产技术条件的变化，在工艺文件中经常会产生工艺文件更改的要求。一般来说，工艺文件的更改有两种可能：一是原来的工艺文件不够完善，甚至有些错误；二是由于生产技术条件的变化，或者采用新技术、新工艺，原有的工艺文件不再适用。因此，有必要对一些工艺文件进行更改，甚至废除一些不能再用的工艺文件。但是，工艺文件的更改是一项十分严肃的事情，必须保持科学、严谨的态度，经过必要的程序，以保证更改后的工艺文件更加完善，更能够发挥保证产品加工质量的作用。

从更改的性质分类，工艺文件的更改分为临时性更改和永久性更改两类，其处理办法有所不同。临时性更改，是由于生产技术条件或原材料、辅助材料发生临时变动而提出的，可由有关车间（或部门）填写工艺文件临时更改申请单，工艺科指派专业人员代表工艺科审核后，负责予以处理。永久性更改，则是由于采用了新技术、新工艺、新材料和新设备，而使工艺发生了永久性的变化。因而工艺文件必须作相应的更改。在这种情况下，由工艺科有关专业工艺人员负责填写更改通知单，并按规定程序审批。凡需要更改的工艺文件应由产品主管工艺人员会签。经批准后由产品主管工艺人员负责通知修改中所涉及的其他工艺文件承办部门（或人员）。

从工艺活动所处的阶段分类，可将工艺文件的更改分为新产品试制阶段和新产品生产定型阶段两种文件更改。在新产品试制阶段（包括设计性试制、生产性试制阶段）的工艺文件更改，通常可以不办理正式更改手续（因为工艺文件尚未交档案室登记、编号、保管），可由原拟制者在复印件（即蓝图）上直接更改，并在更改栏内签名。同时更改者应作记录，以便定型时正式修改正式文件。新产品生产定型后，工艺文件成套移交给技术档案室登记、编号、保管，这时就成为正式工艺文件。若作为正式的工艺文件后再需要修改时，则需要办理正式的更改手续。

正式的工艺文传进行更改通常包括以下几方面原因：

(1) 设计文件的更改。
(2) 消除错误。
(3) 工艺路线、加工方法的更改。
(4) 采用合理化建议，或采用新工艺、新技术。
(5) 由于产量加大，原工艺不适用。
(6) 采用新技术标准。
(7) 安全技术方面的原因。
(8) 生产组织的调整。
(9) 终止工艺文件的使用。
(10) 其他原因。

正式工艺文件的更改，应由产品主管工艺人员负责办理。若需要修改时，由产品主管工艺人员开出工艺文件更改通知单，该单的编号由技术档案室人员编号、登记和保管。

(三) 工艺文件的发放和存档

工艺文件的发放和存档，也是工艺文件管理的重要环节。它对于保证工艺文件的正确、完整、统一和清晰，以及保持正常的生产技术秩序有着重要的作用。同时，它也为总结工艺经验，开展工艺研究提供了丰富的资料。工艺文件的发放要做到为生产技术部门提供优良的服务，工艺文件的保管要使其成为企业技术档案的重要组成部分。

在产品生产定型之后。工艺科应做好工艺文件归档的准备工作。当工艺文件经审批，符合齐套性要求，并经生产考验证实其成熟性后，应成套归档至企业技术档案室统一保管。同时应将试制过程中的工艺文件（包括蓝图）全部收回档案室处理，不得将试制时用的工艺文件遗留在生产及技术部门，以免在正式批量生产时造成差错。

技术档案室负责对企业的全部文艺文件按需要发放，做好保管工作，并根据工艺文件更改通知单进行及时的更改。

未归档的工艺文件的保管和发放工作，由工艺科指定专人负责。

技术档案室对所保管的工艺文件，应进行装订，其装订原则可以根据各企业内部的生产技术状况，具体装订为若干分册，也可以按工艺人员的分工划分成册装订。总之，应以对保管、抽图、使用和节省等有利为原则进行合理的划分为分册加以装订。在有条件的企业里，可积极实行计算机检索管理，将工艺文件管理纳入企业信息管理系统中去。

第三章 车辆修理的生产组织及工艺过程

第一节 车辆修理的生产组织

从事城市轨道车辆修理的企业是城市轨道运营单位（如地铁运营公司）下属的车辆维修单位，一般称为车辆工厂或车辆段。它们是城市轨道交通系统的辅助生产部门，直接为城市公共交通运输服务。虽然它是运营企业的一个组成部分，但车辆修理工作具有工业企业生产的性质。车辆修理的生产过程需要进行合理的组织，对修车过程中的劳动者、劳动工具、劳动对象以及修车过程的各个环节、阶段和工序要合理安排，使其形成一个协调的系统。它的目标是使得车辆在各种修理过程中的行程最短、时间最省、耗费最少、质量最高。下面对修车的生产过程进行分析介绍。

一、车辆修理的生产过程

生产过程有狭义和广义之分。狭义的生产过程是指从原材料投入生产至生产出成品的全部过程；广义的生产过程是从生产技术准备至生产出成品的全部过程。生产过程的基本内容是劳动过程，即劳动者利用劳动工具，按照一定的步骤和方法，直接或间接地作用于劳动对象，使其按预定的目的变成产品的过程。生产过程的进行，在某些条件下还需要借助自然力的作用，使劳动对象发生物理的或化学的变化，例如自然冷却、时效、干燥和发酵等。在这种情况下，生产过程便是劳动过程和自然过程的有机结合。

生产过程通常有以下三项基本活动：

（1）转换。通常称为加工过程或工艺过程。它的功能是通过加工工序的流动，转换工件的形态。工序是一个或一组工人，在一个工作场地上对同一种劳动对象连续进行加工的生产活动。如果超出一个工作地的范围，就算作另一道工序。典型的加工工序有：变态工序（低熔点合金的配料熔化）、变形工序（铸、锻、模塑、冷拔、压力加工、高能成形等）、分离工序（金属切削、磨削、冲压、各种精加工）、连续工序（焊接、铆接、胶接）热处理工序（淬火、退火、调质）、表面处理工序（喷镀、油漆、阳极化）以及装配工序等。

（2）运输。它的功能是在工作场地之间移动工件，一般称材料搬运。运输是生产过程的必要活动，但它不是直接转换工序，它不创造使用价值和增加价值，而却会增加生产成本。所以应减少或消除这种活动。

（3）等待。它包括库存、自然过程和生产过程中的停滞（等待）。通常等待是由于转换和运输功能之间的不平衡而产生的。在原材料供应时间和开始投入生产的时间之间，在生产过程中两个相继阶段之间、在产品完工时间与发运时间之间，生产过程都会产生等待。

与一般生产过程相似，车辆修理过程也包括上述三项基本活动，只是加工对象和工艺过程略有不同。由于修理的对象是受损伤的零部件，因此，对不同的零件形式和不同的损伤形式采取不同的修理工艺（转换或加工）过程。

车辆修理工艺（加工）过程大致包括：分解工序（拆卸、分解）、磨耗修理（镶套、喷镀）、腐蚀修理（除锈、堆焊、截换、补强、油漆）、裂纹修理（探伤、焊修）、变形修理（调整）、装配工序等。如果必须加工制造某个更换零件或配件，那就与上述制造产品的转换过程完全一样了。

运输和等待是与一般生产过程完全相同的，为了缩短物流的过程，降低修理加工过程的时间固然重要，但不能忽视缩短等待时间的意义。实际上，运输和等待时间所占的比例是很大的，应该给以足够的重视。

二、车辆修理过程的划分

根据车辆修理生产过程各组成部分的性质和作用，也可以将其过程按照一般生产过程分为以下几个过程：

（1）基本生产过程。基本生产过程是指直接改变劳动对象的物理和化学性质，使之成为企业主要产品的过程。对车辆修理来说，车辆零部件的拆卸、修理和组装各种工序就是基本生产过程。它代表着车辆修理企业的专业方向。

（2）生产技术准备过程。生产技术准备过程是指在产品投入生产前所进行的全部生产技术准备工作过程。对车辆修理来说，主要包括工艺路线（过程）设计、工艺文件和工艺规程设计、工艺装备配置、材料消耗定额和工时消耗定额的制定等。

（3）辅助生产过程。辅助生产过程是指为保证基本生产过程正常进行所从事的各种辅助性生产活动过程，它是用产品或劳务直接为基本生产过程服务的，如车辆检修前的吹扫除尘、列车修理前后的调车作业等。

（4）生产服务过程。生产服务过程是指为基本生产、辅助生产等过程所进行的各种生产服务过程。如原材料、备品件、工具等的供应、保管和运输等。

生产过程的各组成部分之间既相互区别，又有密切联系，其中基本生产过程是主要的，其他过程都是围绕基本生产过程进行的。某一生产活动过程是属于基本生产过程，还是属于辅助生产过程，不是固定不变的。将生产过程划分为基本生产过程等几个组成部分，只是为了分清它们各自在企业生产过程中的地位、作用和相互关系。在企业生产过程中抓住主要过程，带动其他过程，就可以取得良好的生产成果和经济效益。

三、生产过程组织的基本内容

生产过程组织是将生产过程具体化实施，其基本内容包括生产过程的空间组织和生产过程的时间组织。

（一）生产过程空间组织

生产过程空间组织是指企业内部各生产单位（车间、工段、小组和工作场地）和设施（仓库、管道和运输线等）的实际建立，以及它们的专业化形式和在空间的相对位置所结成的有机整体方式，因此也称为生产结构。为了与生产过程相适应，一般企业都建立基本生产部门、辅助生产部门、生产服务部门和生产技术准备部门。而最小生产单位（车间、工段、小组），通常按工艺专业化和对象专业化两种基本形式来设置。

1. 工艺专业化设置

工艺专业化设置是按工艺原则和生产过程的各个工艺阶段的工艺性质来建立生产单位的一种方法。最小生产单位集中有同类型的机器设备和同工种的工人,对各种产品(零、部件)进行相同工艺的加工,所以都以工艺名称来命名生产单位,如金加工车间、总装组和焊工组等。

按工艺原则建立的生产单位能充分利用生产能力,进行专业化技术管理;有利于进行工艺技术指导,提高工人技术水平。但运输路线长,运送原材料、半成品的劳动量较大;产品在生产过程中停顿和等待的时间多,生产周期长,生产单位之间的生产联系复杂,零件的成套性不易掌握,计划、生产和质量管理的工作也比较复杂。

2. 对象专业化设置

对象专业化设置是按加工(修理)对象原则,把加工对象的全部或大部分工艺过程集中在一个生产单位,以零件或部件为对象来建立生产单位的一种方法。这种最小生产单位,集中了为制造(修理)某种产品所需要的各种类型的机器设备和不同工种的工人,对某一对象进行不同的工艺加工,独立完成该零部件的全部工艺过程,它一般以加工(修理)对象的名称来命名,如转向架车间、电器车间、车钩组和轮轴组等。

按对象原则组成的生产单位,由于加工对象固定,便于使用专用设备和工具,有利于保证产品质量,提高劳动生产率;可以缩短产品的加工路线,节约运输费用;减少加工对象的中间停歇时间,缩短生产周期;简化生产管理工作,有利于建立健全生产责任制。

上述两种专业化形式虽然设置原则不同,但在实际工作中,却往往是结合起来应用的,即在一个企业中,既有按工艺原则建立的车间,也有按对象原则建立的车间;在一个车间内部,有些班组是按工艺原则建立的,而另一些班组则是按对象原则建立的。如何按不同原则建立生产单位,必须因地制宜,灵活应用。

(二) 生产过程时间组织

生产过程的时间组织是指劳动对象在各生产单位之间、各工序之间在时间上衔接和结合的方式,一般分为简单生产过程时间组织和复杂生产过程时间组织。

1. 简单生产过程时间组织

简单生产过程时间组织通常是指一种零件加工过程的时间组织简单生产过程中劳动对象单一,按照工艺过程的顺序通过各道工序,它们在时间上的衔接配合,在零件数量和各道工序的单件时间已定的条件下,主要取决于零件在各道工序间的移动方式。移动方式主要有顺序移动方式、平行移动方式和平行顺序移动方式。顺序移动方式是每一批产品(零件)只有在前道工序全部完工后,再整批地送到后道工序加工,其特点是整批零件在工序之间的移动是顺次连续的,但就每个零件来看却存在等待加工时间。平行移动方式是一批零件中的每个零件在前道工序加工完毕之后,立即送到后道工序去继续加工,其特点是一批零件同时在不同的工序上平行进行加工,在前后道工序时间不等的情况下,零件存在等待加工的时间。平行顺序移动方式是既考虑了相邻工序上加工时间的重合,又保持了该批零件在工序上的顺序加工,即一批零件在一道工序上尚未全部加工完毕,就将已加工好的一部分零件转到下道工序加工,并使下道工序能连续地全部加工完该批零件;它是平行移动方式和顺序移动方式的结合,采用这种移动方式,吸取了前两种方式的优点,消除了设备在加工过程中的间断现象，使工作场地充分负荷，有效利用工时，适当地缩短了零件的生产周期，但生产组织工作较复杂。

2. 复杂生产过程时间组织

复杂生产过程时间组织通常是指产品生产过程的时间组织取决于各简单生产过程的时间组织及其相互配合关系。

生产过程时间组织合理，可缩短生产周期，提高设备利用率。

四、合理组织生产过程的要求

生产过程的组织工作的目标是最小的劳动耗费、最大的生产成果和最好的经济效益。要达到这些目标，必须使生产过程具有连续性、协调性、平行性和均衡性。

（一）生产过程的连续性

连续性是指生产过程的各阶段、各工序的进行，在时间上必须是紧密衔接的，不发生不必要的中断现象，使劳动对象在整个生产过程中始终处于运动状态。

（二）生产过程的协调性

协调性又称为比例性，是指生产过程的各组成部分和各生产要素之间，根据产品生产的要求，保持一定的最佳比例关系。在工艺路线设计时，要正确规定生产过程各组成部分和生产要素间的比例关系，并且随着生产的发展变化及时进行更改和调整，以保持生产过程的协调性。

（三）生产过程的平行性

平行性是指生产过程各组成部分若能同时进行，则各工序应尽量实行平行作业，以缩短时间总量。当然，生产过程是否能实行平行作业，要从实际生产条件出发，合理安排。

（四）生产过程的均衡性

均衡性又称为节奏性，是指各生产环节，都按照生产过程设计的要求，在相同的时间间隔内，完成规定的工作量，各工序和工作点都保持均匀的加工负荷和时间节奏。

合理组织生产过程的四项要求是相互联系和相互制约的。生产过程的协调性是实现其他"三性"的前提；协调性是实现连续性的前提；协调性、平行性和连续性是实现均衡性的前提。

第二节 车辆修理的工艺过程

车辆按规定检修期限进行的大修与架修，一般在轨道车辆检修基地的车辆工厂或车辆段内进行。自待修车辆送至厂（段）那一刻起，直至列车修竣后的全部过程，称为车辆大修或架修的生产过程。但是，无论大修或架修，修理车辆的全部生产过程，通常都包括以下几部分：

（1）送修和接修待修列车。

（2）修理开工前的准备工作，包括对待修列车的清扫、外观检查和制定检修作业计划。

（3）将列车分解，即根据作业计划将列车分解为车辆，车辆分解为零件或部件。

（4）零部件清洗、检查，并确定其修理范围。

(5) 修理零件和部件。
(6) 车辆组装及油漆。
(7) 修竣车的技术鉴定和交接。

在车辆的修理过程中，从待修列车的分解，经过一系列的修理工作，直至组装、油漆后成为修竣的列车。其中按规定的次序，依次完成的各种作业过程的总和，称为车辆修理的工艺过程。上述生产过程中的3~6项，即构成了车辆修理的全部工艺过程。

根据车辆设计特点和车辆零部件修理作业方式的不同，以及车辆修理条件和环境的不同，目前城市轨道交通车辆的修理工艺过程基本上分为现车修理（即不换件修理）与互换修理两种类型。

一、车辆的现车修理工艺过程

车辆的现车修理工艺过程是指从待修车上拆卸下的零部件，经过修理消除其缺陷后，重新装回原车上的修理方式。

修理前的第一道工序是列车分解和车辆分解。车辆分解的范围，应根据车辆的结构特点与修程及其技术状态来决定。例如，车辆大修时，一切木制件和以螺栓连接的零件，均应进行分解，而车体钢结构（铝合金结构）则以其损伤程度及检修范围，确定其分解工作量。至于车辆走行部以及车钩缓冲装置等重要零部件，无论大修或架修，均须分解检查并消除其不良状态。

车辆经过分解、清洗与细密检查后，车体结构直接送至车体修理车间进行修理，其他各种零件或部件，则按状态分为良好、待修和报废三大类，分别送至各修理车间（或工段、组），进行修理与部件组装，最后将良好及修竣的零部件装回原车上。现车修理的工艺过程如图3-1所示。

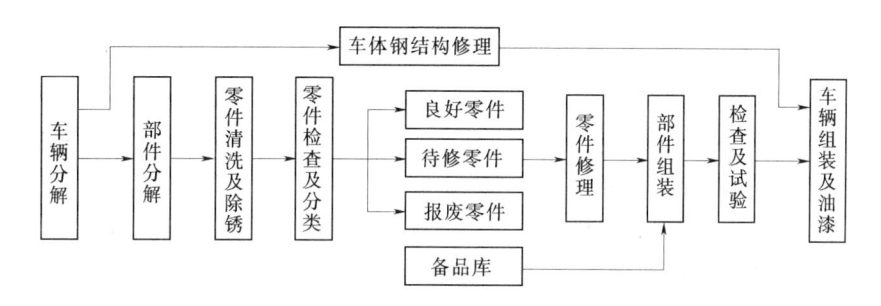

图 3-1 现车修理工艺过程

在现车修理作业方式中，除报废零件从备品库领取新品外，其他零部件均待修竣后装回原车。因此，常因等待零部件的修理而延长车辆停修的时间。此外，由于要尽量缩短停修时间，所以会导致零部件的修理质量得不到可靠的保证。现车修理的唯一的优点是不需要储备过多的备用零件，这种方法主要用于修理更换零配件不多的新车，或修理工作量不大的车辆。

二、车辆的互换制修理工艺过程

目前车辆定期检修中普遍采用的是互换制修理。所谓互换制修理工艺过程，是指从待修车上分解下来的零部件，修竣后可装于同类车型的任何车上，而不必立即装回原车。而这回装车的零部件是前一次修理车辆中拆卸下来经过修理的。这种修理方式即为互换制修理。

一般情况下，除了车体结构作为车辆的基础部件外，其他零部件绝大部分均可采用互换制修理，即按技术条件分别进行修理，与该零部件原属于哪辆车无关。车辆组装时，修竣后的零部件或新换零部件，分别取自车间组合库及备品库。这样，车辆修理过程事实上变为车辆分解—车体结构修理—车辆组装及油漆。采用互换制修理的工艺过程如图 3-2 所示。

实行互换制修理的工艺过程，零部件需有一定的储备周转量。从图 3-2 可以看出，车辆在修的生产周期，决定于车辆分解、车体结构修理以及车辆组装与油漆作业的延续时间，而不受其他零部件修理时间的影响。因此，互换制修理的最大优点，是能最大限度地缩短车辆停修的时间，并为采用流水作业式生产组织创造了有利条件，因此能有效地提高劳动生产率和车辆的利用率。

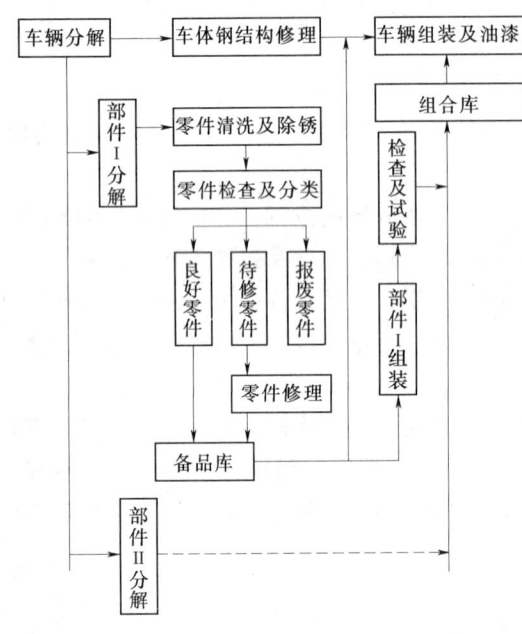

图 3-2 互换制修理工艺过程

但是，全面采用互换制修理工艺过程，要求有大量的备用零件和一定数量的互换部件，这对目前很大一部分从国外进口的城市轨道车辆维修造成困难。进口车辆的备品件由于量小、价格高而十分缺乏。在这样的条件下要实行互换制修理就有很大困难。然而对某些部件采用互换制修理还是有条件实行的。例如转向架、轮对、轴箱装置、制动装置、车钩缓冲装置以及部分车体配件与车内设备等，都可以实行互换制修理。

生产实践已证明，实行互换制修理的零部件数愈多，愈能提高生产效率。因此，实现进口车辆零部件的国产化，不断扩大车辆修理中互换零部件的范围，是实现车辆修理现代化的主要途径之一。

第三节　车辆检修现场工艺管理

一、生产现场工艺管理的任务和要求

现代企业是一个复杂的生产系统，整个生产过程始终贯穿着各种工艺活动。加强生产现场的工艺管理，是实现生产目标、保证质量、降低成本、提高效率的重要手段。

一般生产现场工艺管理的基本任务如下：

（1）确保产品质量。

（2）提高劳动生产率。

(3) 节约材料和能源消耗。
(4) 改善劳动条件和文明生产。

根据以上任务，也就形成了生产现场工艺管理的基本要求：

(1) 生产现场工艺管理应在传统管理方法的基础上，积极采用现代化的技术、组织和管理方法。

(2) 必须强化质量意识。

(3) 在生产现场工艺管理中，工艺、生产、质量管理、检验、计量、设备、工具和车间等有关部门都应有机地配合，以保证生产现场的物流和信息流的顺利畅通，实现"基本任务"中所规定的各项工作。

与一般现代企业相同，车辆检修现场的工艺过程，也反映了该单位的技术和管理现代化水平。由于城市轨道交通是一个新兴的行业，目前修车业还在不断摸索经验的过程中。车辆修理中采用的工艺，大多参照老的铁路车辆修理模式，因此存在大量的质量问题。这是由于老的铁路车辆制造和修理工艺落后所造成的。过去的铁路企业长期处于计划经济体制下，企业管理比较滞后，尤其是现场工艺管理不善和工艺纪律松弛，导致许多修车质量问题。因此，如何规范车辆检修现场的工艺管理，探索和改进现场工艺管理，已成为强化城市轨道交通运输安全基础工作的当务之急，同时也是城市轨道车辆修理的重要基础工作。

二、车辆检修工艺特点

虽然车辆检修企业具有一般现代企业的特征，但城市轨道车辆的修理工艺毕竟与一般产品制造或产品维修工艺还有很大的不同，其主要的工艺特点如下：

(1) 其修理加工对象是经过一个周期运营后的零部件。车辆零部件由于长期运行而发生疲劳裂损、磨损、腐蚀、变形和松脱等损伤，必须进行修复或更换工艺。修理后的零部件应恢复连接部的连接性能，运动副的正常相对运动性能。这与制造一个新的产品的工艺过程截然不同。

(2) 无论是整车还是零部件，检修对象在修前的原始状态千差万别。检修作业必须针对每一个修理加工对象的损伤、失效程度及原因，决定修理方式，选择工艺。而且修理（或恢复）的程度通常由修理限度来界定，并与检修质量保证期相匹配。这与制造新产品，采用同一种原材料、同一种加工工艺来说，也是完全不同的。

(3) 与制造新产品时只需要将合格零部件顺序组装起来不同，检修工艺流程上首先必须安排多道分解、表面清理、检查等工序环节，同时进行筛选、淘汰、补充、互换等工艺内容。对于一些关键受力件，如车轴、销键等还要进行探伤检查，以发现隐性故障。因此检修工艺相对新造工艺要复杂得多。

(4) 车辆零部件修复质量的评价很困难，因为车辆在修前和修后的动态质量信息获取非常有限。修后质量的评价只有在车辆重新投入运用后，进行检修质量跟踪才能得到。

(5) 随着车辆技术的发展，修理对象品种与规格越来越多样化、也要求场地、工装、检具、作业者均要有很大的适应能力。

(6) 车辆检修工艺发展迅速，修前诊断和测试、修后试验调整、探伤检查部位增加及方式更新；新型检测仪具应用，已成为状态修、均衡修等新的检修体制的重大工艺步骤。

因此，我们必须按照车辆检修工艺固有的特点，做好车辆检修现场工艺管理工作。

三、车辆检修现场工艺管理的主要内容

工艺管理的工作目标是以"优质、高效、经济"为原则，对生产过程中各项工艺工作进行科学的计划、组织、控制，保证按照设计要求制造（或修理）出合格的产品。

根据生产现场工艺管理的基本任务和要求，按照车辆检修的工艺特点，车辆检修现场工艺管理的主要内容大致包括以下几个方面。

（一）实施工艺标准化

生产现场是由多个作业场地和工序组成的。每个作业场地和每道工序是否按照图纸、工艺规程和工艺标准等一系列技术规范操作，直接关系到整个生产系统的质量、效率和效益。工艺标准化是工艺管理的最基础的日常工作，它是一个使各项工艺技术活动逐步规范化的过程。其主要内容如下：

（1）工艺文件标准化。各类工艺文件配置齐全，覆盖率应达到100%。生产现场的所有工艺活动都有据可依，有章可循。现场工艺文件揭示到位；工艺提示及样本齐全。

（2）作业标准化。通过思想工作和严格培训，使作业者的作业技能按工艺规定达标。努力做到工艺兑现率100%；工艺纪律执法有效。

（3）工装标准化。工装是工艺过程中最基本的硬件设施，必须保持最佳状态。如果工装不达标，工艺水平只能处于低级水平。工装标准化主要是工装管、用、养、修规范化。安全设施及计量检具受控率要达到100%。

（4）物流标准化。使生产现场的工艺活动有最佳的物流支持。主要包括作业场地无冗余储存、关键件运输避免污染和开展定置管理等。

（5）作业环境标准化。使工艺活动处在现代文明生产的环境里。

（6）生产信息标准化。使工艺活动的各种信息流畅通，生产过程每时每刻得到有效控制。要做到现场生产层面上的原始记录标准化、中间管理层面的统计报表标准化和高级管理层面上的信息分析标准化。

（二）生产现场质量管理

生产现场工艺管理的重点是质量控制点的管理。由于产品的质量问题主要产生在制造（检修）过程中，因此，生产过程中的工序质量控制点是全面质量管理和工艺管理的结合点。

工序质量控制，主要包括以下质量控制点：

（1）对产品精度、性能、安全、寿命等有重要影响的项目和部位。

（2）工艺上有特殊要求，或对下道工序有较大影响的部位。

（3）质量信息反馈中发现不合格品较多的项目或部位。

对上述工序质量控制点必须做好以下管理工作：

（1）分析或测定工序能力，当工序能力不足时应及时采取措施加以调整。

（2）编制工序质量表和操作指导卡片（作业指导书）。

（3）编制计量器具周期检查卡片和量仪校正、维修规范（由计量部门负责）。

（4）根据需要设置工序控制图。

（5）做好工序质量的信息反馈及处理。

第三节　车辆检修现场工艺管理

工艺管理部门要把全面质量管理所规定的文件表格纳入工艺文件中，应使关键零件的关键工序卡和质量控制点上的作业指导书合并统一。质量检验部门要加强对质量控制点工艺文件贯彻的监督和检查。

工序质量控制点上一般应具备下列工艺文件：

（1）工序质量控制卡、流程图及明细表。

（2）工序质量表。

（3）作业指导书。

（4）检验记录表。

（三）优化生产组织

所谓优化，实际是一个适应生产力发展的不断渐进的过程。生产组织的优化就是使生产（检修）现场的工艺布局、生产节奏、资源配置和管理体系不断改进，从而达到最佳配置。

（1）工艺布局优化是工艺过程组织在空间上的目标。生产过程空间组织是指企业内部各生产单位（车间、工段、小组和工作场地等）和设施（仓库、管道和运输线等）的实际建立，以及它们的专业化形式和在空间的相对位置所结成的有机整体方式，因此也称生产结构。在车辆检修现场，主要有转向架、轮对、制动装置、车钩缓冲装置和车体油漆等检修作业线；以及空调机组、牵引电机组、电子电器组和蓄电池组等专业检修组。车辆检修实行互换件修和专业集中修，因此在安排工艺过程时必须按顺序展开，在空间组织上衔接合理，工艺路线清晰流畅。

（2）生产节奏优化是工艺过程组织在时间上的目标。主要包括改革修制、均衡施修、最大限度减少台位修时，按网络计划组织生产，有稳定的生产秩序。

（3）资源配置优化是工艺过程组织在硬件上的目标。主要包括人员技能配置优化、生产组织优化、工艺装备配置优化和原材料配件输入优化。

（4）管理体系优化是工艺过程组织在软件上的目标。主要包括工艺技术和设备技术管理强化、"三检一验"及质量监控体系强化、按 ISO 9000 系列标准健全质量体系。

（四）物流管理

物流是指物质资料（原材料、毛坯、工具、燃料、半成品零件、成品零部件和产品等）在整个生产过程中以及从生产现场到消费场所之间所经过的运动过程。物流的功能包括物资的运输、保管、装卸、包装、流通加工、包装物和废品回收等，以及与之相联系的物流信息。

物流管理以物品流动过程为主体，运用各种管理职能，对物品流动过程进行系统的统一管理，以降低物流成本，提高物流的经济效益。

1. 物流管理的作用

物流是企业的供应链系统，它连接企业各生产部分而组成一个有机的整体。任何一个企业的生产，都是由许多部门、许多生产环节和各个不同的生产工序组合而成的，它们之间相互独立、相互依赖、相互联系和相互制约，形成极其复杂的关系。物流就是维系这些复杂关系的纽带。

物流又是生产过程不断进行的前提条件。企业的生产过程是连续进行的，而保持连续性的关键是不断地供应原材料、燃料和工具、设备等生产资料,并通过各种生产手段,生产出合格的产品。如果物流中断,生产过程也就停止。

物流的改进是提高经济效益的重要源泉。企业通过合理组织运输、减少装卸次数、提高装卸效率、改进装卸工具来减少商品损耗等措施,可以大大提高企业的经济效益。物流管理的对象和任务就是研究物流构成中各要素的特性,用先进的管理技术和专业技术,对物流活动进行统一管理,充分发挥各要素在物流活动中的主导作用,以降低物流成本,提高企业的经济效益。

2. 物流管理的方法

与工艺管理影响较大的物流管理方法有物料流程分析、物料搬运分析和物料仓库管理等。

(1) 物料流程分析——工程分析图。企业在进行物料流程分析时常采用工程分析图。常用的工程分析图有三种:生产流程图(它是表示加工对象加工、搬运、检查和停放等在整个生产过程中的顺序,以及工序间的相互关系)、工艺流程分析图表(它是以符号详细记录研究对象的实际工艺过程,发现和分析存在的问题,提出改进方案的一种分析技术)和加工路线图(在工艺流程分析图表分析的基础上,把分析的对象在车间内经过的路线用工序符号和工序路线,简明地在车间厂房布置图或设备布置图上标记下来构成的图)。这些图是用流程的流向描绘出生产布局状况的路线图,能一目了然地掌握分散大范围内的设备、作业场所或仓库等相互间的关联性,以及作业流程改变的方向或倒流的情况。

(2) 物料搬运分析。物料搬运的方式与物料的流程、流量、物料的结构及其生产方式有关。改善物料搬运是加快物料运转、减少流动资金占用和物料损耗的重要手段。根据有关资料介绍,我国机械工业企业每生产1t产品,需进行252吨次的装卸搬运,其成本为加工成本的155%。

物料搬运是伴随生产与流通的其他环节发生的。它在生产中既不可缺少,又与其他环节紧密相关。物料搬运的均衡性应与生产的均衡性相一致,以保证生产连续、均衡地进行。因为作业对象是稳定的或略有变化,但有一定的规律。因此,物料搬运亦应具有稳定性。物料搬运的原则如下:

- 减少环节,缩短流程。
- 文明装卸,科学运营。
- 协调兼顾,标准通用。
- 巧装满载,牢固可靠。

物料搬运的方法应选择最优的工艺方法,使之标准化、通用化,才能保证物料搬运的质量,降低成本,以达到最佳的经济效益。在选用物料搬运方法时,主要考虑以下几方面:

1) 尽量使物料搬运设备机械化、自动化,提高劳动效率,减轻工人劳动强度,减少事故。

- 针对不同的作业对象,设计合适的工位器具和运送装置,工位器具做到标准化、通用化,避免磕碰。

2) 定量存放,达到过目知数,便于统计。

(3) 物料仓库管理。物料储存是物流活动的主要部分。它是物流的一个中心环节，也是一项主要业务活动。一定的物料储存应做到：储存多、进出快、保管好、损耗小、费用省、保安全。

物料储存工作的内容包括以下几方面：

1) 储存计划管理，包括入库计划、出库计划、维护保管计划、储存费用计划。

2) 入库管理，包括接货、验收、入库。

3) 在库管理，包括分区分类、合理摆放、固定货位、统一编号、码放整齐、存取方便、数字准确、账物相符。

4) 出库管理，包括核对凭证、核对实物。

5) 储存安全管理，包括以防为主的方针，建立健全安全管理制度，以及加强安全检查工作。

6) 合理存储，包括储存量小，占用流动资金少，加快物料周转速度，降低保管费用和损耗，以及提高经济效益。

在物料储存中，采用ABC分析法是行之有效的科学方法。ABC分析法就是将物资分为A、B、C三类：A类物资占总品种数的5%～15%，占用资金约为80%；B类物资占总品种数的20%～30%，占用资金约为15%；C类物资占总品种数的60%～65%，占用资金约为5%。

通过ABC方法分类后，A类物资应给予重点管理，B类物资给予一般管理，C类物资不做重点管理。

物料需求计划（MRP）是库存管理的软件。在企业中应用已取得了明显效果。在FMS中应用的自动化仓库，它支持MRP的执行，以它为中心组成物料自动存储及自动检索系统。

（五）定置管理

定置管理是企业在生产活动中研究人、物、现场三者关系的一门科学。它是为生产者在最短的时间内，用较低的成本制造出高质量的产品提供良好的客观条件。在生产和工作现场中，人、物、场所三者结合的好坏，主要取决于人与物（包括设备、工具、辅具、毛坯和半成品等）的结合状态。一般情况下，人与物之间的关系在现场中处于以下三种状态：

A状态：指人与物处于立即结合的状态，即直接影响产品质量和生产效率的物品。

B状态：指人与物处于待用的状态，即随时转化为A类的物品。

C状态：指人与物失去联系的状态，即现场失去使用价值的一切遗弃物品。

定置管理的目的是要消除C状态，整理改善B状态，使其达到A状态，并使A状态长期保持下去，以消除人的无效劳动和生产中的不安全因素，从而提高生产效率和产品质量。

为了达到人与物结合的A状态，必须对生产和工作现场中的物品进行特别管理。通过对生产和工作环境的分析，最终把生产和工作需要的物品按照工艺的需要科学地确定位置，这就称为定置。而对生产与工作现场物品定置进行的设计、组织、实施和控制，使现场管理达到科学化、规范化、经常化的全过程就称为定置管理。所以，在定置管理的研究中，工艺流程设计合理性是前提，作业研究是核心，定置方法的规范化、标准化、科学化是基础。

定置管理要求物件按区、按类放置。标志正确，专人负责。定置管理能解决好人、物、现场的合理关系和结合状态，提高工作效率和文明生产水平，提高职工的素质。实现定置管理的生产现场能保持整洁、走道畅通，地面无油污杂物，铁屑及时清理。物品堆放整齐、标志鲜明，做到横平竖直、井然有序。生产过程中生产人员遵守劳动纪律和安全生产规定。内外环境清洁，设备保养干净，窗明壁净，图表整齐。

（六）文明生产

文明生产也是正确协调生产过程中人、物和环境三者之间关系的生产活动。它是以清扫、清洁、教养、安全等活动为基础，实现精神文明、环境文明、操作文明和储运文明。一个企业应具有科学的工厂布局和生产组织，合理的生产工艺和厂内运输，井然的生产秩序，较好的生产质量，废气、废水、废渣得到了综合利用和基本治理，以及良好的劳动条件，这才是一个文明生产的企业，也才可能获得良好的经济效益。

生产现场的文明生产包括产品及零部件的工艺卫生和现场文明生产管理两个部分。

1. 产品及其零部件的工艺卫生

它是指产品及其零部件在制造时的清洁卫生程度。它涉及物料搬运、文明生产、工艺纪律、零部件制造及装配过程中的保洁措施。

由于产品和零部件的工艺卫生对产品的寿命和可靠性有重要影响，因此，在生产过程中，检验和保证它们的工艺卫生已成为不可忽视的工艺管理工作。据有关资料介绍，若一个企业的平均废品率为2%，合格率为98%，而产品的工艺卫生很差，那么由合格的零部件装配的产品送到用户手中，平均精度损失20%左右，其原因是由于零部件在搬运过程中的磕、碰、划、伤及野蛮装配所造成的。

因此，产品和零部件的工艺卫生会直接影响产品质量，必须对产品的清洁度规定具体要求。它已成为工艺管理的重要内容之一。

产品及零部件的清洁度是以从产品及零部件内清洗下来的脏物重量多少来衡量的。国家对不同产品的清洁度都规定了具体标准，作为检查考核的依据。

对产品的工艺卫生特别制定了清洁工艺守则。清洁工艺守则基本内容如下：

（1）为了保证产品的清洁度，零部件在装配前应进行清洗。

（2）关键零部件应放置在专用工位器具内，避免磕碰划伤。

（3）要注意清洁装配，避免因野蛮装配而影响清洁度，转入下道工序前应认真检查清洁度。

（4）轴承、液压元件等必须保持清洁，应清洗后装配。

（5）凡是配作部位，在配作后应将铁屑及杂物清除干净。

（6）凡需空运转试车后的部件清洁，所采用的润滑油应符合工艺规定的标准。空运转试车后，将试车油放净，箱内各零件表面不得有脏物、油污等。

（7）为保持空运转试车后的部件清洁，可以加清洗液进行空运转清洗，然后再把清洗液放净。

（8）部件喷漆前应清洗，表面干净后才能进行喷漆。

由于产品或检修对象不同，各企业可根据实际情况，定出本企业的清洁工艺守则。

2. 现场文明生产管理

文明生产主要包括以下内容：

（1）精神文明。人的自觉性、责任心、团结协作和积极主动等精神是实现文明生产管理的保证。职工必须遵守劳动纪律，坚守各自的岗位，履行自己的职责，认真执行岗位责任制。

（2）环境文明。环境文明是指生产现场干净、整齐、安全、舒畅。做到无杂物、垃圾；无铁屑、油迹；无尘埃、污染；无烟头、痰迹等。服装整洁，养成良好卫生习惯。搞好在制品管理，要配备足够数量的工位器具，在制中的中小型毛坯、半成品、成品，均应放在工位器具内。工位器具要起到放置零件、计算批量和工序运转三个作用，并应放到指定地点。

（3）操作文明。在加工和装配过程中，坚持质量第一，贯彻执行工艺规程，严格按操作规程办事，不经有关部门批准，不得擅自更改工艺路线、操作规程和作业顺序，必须严格按图纸、按工艺、按标准进行生产，杜绝不文明的操作。

（4）储运文明。零部件在运转时，应采用各种工位器具和运输工具，避免运输中的磕碰。对于乱弃、乱放和野蛮装卸要严加制止。

文明生产是实现全面质量管理，提高产品质量的基础工作之一。要控制环境因素的影响，应当对环境脏乱，毛坯、零件乱堆乱放所造成的零件的磕碰划伤以及腐蚀等进行严格的管理，以保证产品的质量。

文明生产是保证安全生产的条件。为避免发生人身伤亡事故，一方面需要操作者严格遵守操作规程，另一方面要有一个整洁的环境。

搞好文明生产可以提高科学管理水平，因为文明生产管理是质量管理、生产管理、技术管理、劳动安全管理和管理心理学等多种管理科学的综合应用，因此，要处理好人、物、环境间的有机联系，促进企业管理水平的不断提高。

搞好文明生产的方法一般是通过培训教育，经常对职工进行文明生产教育，树立文明生产的观念和生态观点，以提高搞好文明生产的自觉性。另外，制定文明生产工作标准和管理制度，层层贯彻责任制，并用各项管理制度进行严格管理，也是搞好文明生产的有效措施。最后，针对文明生产中所出现的实际问题，有计划、有步骤、创造条件及时予以解决。

（七）生产现场设备管理

一个好的工艺过程要靠好的工艺装备来保障。要达到工艺装备的可靠保障，必须不断更新工艺装备，强化设备检查和维修。对生产现场的所有设备都应编制设备的"点检卡"和设备检查维修规范，使工艺装备处于良好状态。同时，要保证工件与场地的净化，努力朝检修自动化和半自动化、搬运全机械化等方向发展。

（八）生产进度控制

生产进度控制就是指从投产准备到制成品入库为止的全过程所进行的控制。车辆维修生产进度控制指从车辆调车入库进行检修作业直至车辆检修作业完毕出库转入投用状态为止的全过程进度控制。生产进度控制的目标是在保证质量前提下，尽量缩短车辆停修时间，按期或提前完成任务。由于目前城市轨道车辆的维修主要还是计划预防性维修，维修车辆的数量、修程、车号已列入维修计划，因此，生产进度控制的主要内容就是车辆调配作业和车辆检修工序进度的控制。

1. 车辆调配作业进度控制

车辆维修过程调配作业包括调车作业和库内动车作业。

（1）调车作业。调车作业指为维修、调试而进行的车辆转轨作业。由于各检修库的接触网设置情况不一样，如一般停车库、日检/月检库有接触网，而定修库和架/大修库内均无接触网。此时，调车作业需内燃机车来进行调车作业。此外，调车作业涉及各股道线路安全进路控制和道岔的状态设置、转撤机操作、信号等一系列运作程序。如果不对车辆调车作业进度进行控制，就会延长停车检修时间。调车作业一般要先提出调车计划。调车计划要提前提交，由专职调度员组织实施。

（2）库内动车作业。库内动车作业指为维修或调试而进行的解钩、挂钩或短距离启动车辆的动车作业。库内动车作业虽然不是检修过程，但一般在车辆检修过程中进行，库内动车作业进度慢，就直接影响检修下道工序的进行，进而影响整个车辆停修时间。

库内动车作业要求一般由检修作业人员根据检修需要提出动车要求，并在动车之前应将相应辅助工作准备妥当。

2. 车辆检修工序进度控制

车辆检修工序进度控制就是对车辆检修过程中所经过的每道工序的进度所进行的控制，特别对定修、架修和大修等检修周期较长、工序较多的修程，为保证整个检修停车时间符合要求，必须控制工序进度。

实现工序进度控制，可按不同修程编制车辆检修作业网络计划图。如大修作业网络计划图、架修作业网络计划图等。在网络计划图上，应清楚画出该修程的车辆检修详细工艺路线及每道工序名称，并规定该项工序作业时间进度要求等。当然网络作业计划图也可以用横道图等编制。工序进度控制就是根据作业网络计划图要求进行工序作业时间控制。

由于车辆检修工序大部分为平行进行，工序进度控制的方法主要采用工单进行控制。工单控制方法就是对车辆检修的每道工序或每个过程开一张工单，该工序或过程完成后，进行完工登记。只要控制了工单的进度，就能随时控制车辆检修的总进度。

工序进度控制重点是抓关键作业路线和关键作业工序的进度。

（九）维修成本控制

车辆维修成本控制是指车辆维修过程中，对于维修车辆的各项费用，事先必须定出目标和标准，在执行过程中如果发现偏差，就应采取调整措施，加以纠正，保证各种耗费定额、目标成本和成本计划得以实现。

1. 车辆维修成本控制的步骤

成本控制大体有三步：

（1）制定成本标准。成本标准是成本控制的准绳，由于年度成本计划只规定了年度维修总费用等综合性指标，还不能满足生产过程中的成本控制的具体要求。因此要实行成本控制，需要制定具体的控制标准。确定成本标准的方法有以下三种：

1）计划指标分解。将大的指标分解成小的指标。分解时，可按单位、部门分解，如大修分厂年度成本、检修一分厂年度成本；也可按不同修程进行分解，如大修费用、架修费用、定修费用等。

2) 预算法。用制定预算的办法制定控制标准,对各项费用开支按预算额和费用可控制性分解到各部门、各生产环节,费用支出的预算标准作为费用支出的控制标准。如车间经费、企业管理费等一些固定费用,实行分级分口预算包干,依照限额来确定各使用部门的月度预算,超支部门要进行考核,或者不支付款项。

3) 定额法。通过建立定额和费用开支限额作为控制标准,如材料消耗定额、工时定额,凡是资源消耗能计算定额的都应制定定额,凡是费用开支能制定标准的,也都要规定标准。这些定额和标准,应能体现降低产品成本的要求。车辆维修成本控制标准应逐步由预算法转为依据标准维修方案确定合理的材料消耗定额、工时定额的方法。

(2) 监督成本的形成。根据成本控制标准,对形成成本的各个项目,经常进行检查、监督和控制,检查成本指标执行情况和监督影响成本指标的各项条件,如设备、工艺、工具、维修技术水平和工作环境等,发现偏差,及时调整。

(3) 采取措施,及时纠正偏差。根据偏差反馈信息,分析成本差异发生的原因,采取使费用和消耗定额在标准以内的有效措施,如果发现控制标准不够合理,可说明原因,加以修正,以保证控制标准的可行性和有效性。

2. 车辆维修成本控制的内容

目前车辆维修成本控制内容主要有材料费用的控制、工资费用的控制和间接费用的控制三个方面,具体如下:

(1) 材料费用的控制。车辆维修材料消耗包括原材料、零部件、备件、燃料和动力消耗,其中车辆零部件和备件的消耗是车辆维修材料物资费用的主要方面。材料费用的控制应重点做好以下几项工作:

1) 首先是采购和供应人员应控制原材料的品种规格、材质、价格、运费和采购量,使材料采购单价不超过限额。

2) 仓库管理人员应按规定的品种、规格、材质限额发料,监督领料、补料、进料制度的执行。

3) 维修人员按工艺规程要求对材料消耗定额进行控制,不需要更换的材料及备件不更换。

4) 互换备件的修复是车辆维修材料成本控制中一个非常重要的工作。车辆互换配件价格昂贵,一般对单价超过一定金额的备件应列入固定资产管理,备件的报废和申请补充应履行严格的审批手续,应进行备件的技术状态鉴定,对能修复的车辆备件要组织修复。应积极组织备件修复的零部件供应,以达到修旧利废,降低成本。

5) 能源消耗的控制。燃料和动力消耗在成本中占有一定比重。车辆维修中动力消耗主要是电力消耗,此外,车辆清洗用水也是消耗较大的一个项目。应采取节能措施,制定能耗标准,使动力和燃料的消耗控制在允许的范围内。

(2) 工资费用的控制。工资费用的控制包括用工数量、工资率和奖金等方面的控制。主要根据车辆维修工时定额、出勤率、工时利用率、劳动组织的调整、奖金、津贴等进行监督和控制,应监督车间内部作业计划的合理安排,合理派工,控制停工、窝工,控制加班加点。

上述两项（材料费用、工资费用）均属车辆维修成本中的直接费用。

（3）间接费用的控制。间接费用分为车间经费和企业管理费两大项。车间经费和企业管理费中的小项目很多，如办公费、差旅费等，其发生情况各不相同，有定额的应按定额控制，没有定额的应按各项费用预算或承包进行控制。

3. 车辆维修成本控制的管理

成本控制应分级归口管理。归口管理就是将各项成本指标和成本下降的目标，按其费用性质落实到各职能部门负责完成。一般分工如下：

（1）技术部门负责改进工艺或维修技术手段，以节约原材料，节约工时，降低成本。

（2）设备车间负责车辆维修用的设备完好，提高设备利用率，避免车辆维修活动由于设备原因而停顿。

（3）动力部门负责动力消耗指标。

（4）质量部门负责降低车辆维修返工率。

（5）劳资部门负责提高生产率、工时利用率，降低工时定额和工资定额。

（6）行政管理部门负责行政管理费用。

成本控制应建立记录、核算和信息反馈制度。有效的控制应在执行过程中及时准确地将成本实际发生的情况进行收集、记录、汇总和整理，并建立信息的传递、反馈，以便与控制标准进行对比，及时发现和控制发生的偏差。传统的车辆维修只对生产进度实行实时控制，对维修成本没有实时控制，只有等车辆修完以后，通过材料部门反馈的材料实际消耗量和劳资员每月末统计的工时消耗，方可计算出维修直接成本。大多数情况是每个修程每辆车的维修定额有，但具体发生的维修成本是多少不清楚。由于现代计算机技术的发展，车辆维修管理信息系统的日趋完善，可通过维修定额的输入，将维修工单和工时定额、材料消耗定额结合起来，通过监控工单状态和工单完成记录，可监控车辆维修过程中的成本发生，实现维修成本的有效控制和监督。

生产现场工艺管理的内容还有生产现场管理诊断等，这里不再一一叙述。

第四章 城市轨道车辆的日常维修

第一节 日检工艺过程和操作方法

日检是每天必须对车辆进行的检查。日检一般安排在每天的运营结束后，列车回库时进行。日检的目标是保证车辆的正常运营，所以日检的主要内容是针对车辆运营安全至关重要的部位，如走行部分的转向架构架、轮对、齿轮箱悬挂装置、联轴器、轴承箱，制动系统的空气压缩机组、单元制动机、闸瓦，车门控制系统，车载信号设备等进行例行检查，保证在第二天出车前，车辆能够处于良好状态，所以过去日检又称为例检。

由于要保证白天车辆的投运率，所以一个正常运营的城市轨道交通运营企业的大规模车辆日检一般都安排在夜间进行（除非在运营初期或客流很小的线路）。因为对所有运营列车轮检一遍的时间很有限，所以每列车的日检时间仅一小时左右。而且检查部件所在空间有限，不可能许多人挤在一起工作，所以日检操作必须分组进行。日检一般按作业空间分为车底、车上和车顶三个层面进行。其中车顶检查有一定危险性，因为车顶比较光滑，容易滑出坠落。一般进行车顶检查必须有与车顶一样高度的平台，并且四周有安全栏杆。现在新建的日检线大都按照轨面以下1.2m、车辆地板面和车顶高度设计成三层作业平台（见图4-1和图4-2），这样就能保证检修安全和方便地进行。

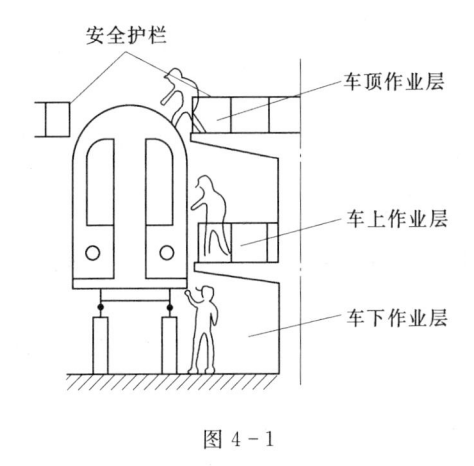

图 4-1

图 4-2

一、车底检查

车底检查主要有以下几个重点部件。

（一）转向架

转向架是车辆的走行部，关系到车辆运行的安全，是日检的重点检查部位。检查转向架时，列车必须停放在有地沟的检修线上，检修人员站在地沟中央，仰面检查转向架的各个部位。地沟虽然有照明，但检查人员应手持强光电筒或其他移动照明工具进行辅助照明，才能对每个部位仔细检查（见图4-3）。

检查部位应包括以下几部分：

（1）转向架构架。检查是否有裂纹、外伤、异常磨耗，特别是牵引电机座与构架焊接处，因为振动原因最容易出现疲劳裂纹。

（2）一系弹簧。有的车辆为钢制弹簧，检查其是否有裂纹或变形；有的车辆为橡胶和钢板夹层弹簧，检查其黏合层是否有脱开剥离现象，橡胶层是否有细小裂纹。

图4-3

（3）轴箱。检查轴箱盖是否有油脂渗漏，轴箱温度是否异常，止挡是否脱落。

（4）轮对。检查轮轴轴身是否有裂纹、外伤；踏面是否有严重擦伤或剥离。一般踏面擦伤深度不得大于0.5mm，剥离长度不超过20mm，如剥离两处，每处不超过10mm。此外，如发现沟状磨耗，其深度不得超过2mm。

（5）二系弹簧（空气弹簧）。检查空气弹簧及其紧固件，应无漏气和松动。

（6）齿轮箱及其悬挂装置。检查齿轮箱外表，应无渗油和损伤。检查齿轮箱悬挂装置是否有松动，防松标记应无错位。

（7）联轴节。如是齿轮联轴节，检查是否漏油；如是橡胶联轴节，检查橡胶黏结处是否脱开或有裂纹。

（8）中央牵引装置。检查牵引拉杆及附件应无松动和损伤。用扭力扳手检查中心销螺母是否松动，开口销是否脱落。

（二）空气制动系统

空气制动系统对车辆的安全也至关重要，制动系统从某种意义上来说，甚至比牵引系统更重要。日检的主要对象如下：

（1）空气压缩机组。用眼观测机组外表，应无外伤或悬挂松动；用耳聆听机组工作声音，应无明显异常杂音。驱动直流电机换向器和碳刷应无烧灼痕迹。

（2）空气干燥器。检查空气干燥器（塔）悬挂是否松动，排气口是否堵塞。

（3）单元制动机。检查闸瓦是否碎裂或磨耗到限。检查锁紧片、橡胶保护套、闸瓦卡簧及其他螺栓是否脱落或损伤。

（4）各种阀门和管路。检查各种阀门开闭位置是否正确；阀门和管路的连接处是否有泄漏。

（三）车钩

车钩包括全自动车钩、半自动车钩和半永久车钩。因为日检并不解开车钩检查，所以以外观检查为主。检查内容如下：

（1）机械钩头。观测机械钩头各部分，应无损伤和空气泄漏现象。

（2）电气箱。连接应密贴，密封件完好无损。电缆和电缆夹固定无松动。

（3）缓冲器。外表完整，标志环无移动，压溃筒无遭受强烈冲击后的压缩现象。

(四) 牵引电机

对交流牵引电机来说基本无检查内容，只是观测其外壳和通风口是否过热、轴承是否漏油。但对于直流牵引电机，检查内容就比较多了，具体如下：

(1) 换向器。检查换向器表面是否有灼伤痕迹，根据需要打磨换向器表面。

(2) 碳刷。检查刷架、刷握及弹簧是否完好，碳刷是否碎裂或磨耗到限。必要时，更换碳刷块。

(3) 定子绕组。测量定子绕组对地绝缘。

(4) 电枢。检查电枢绕组与换向器焊接点，应无断裂、损伤现象。测量电枢绕组对地绝缘。

(五) 各类电气箱

日检对车底的各种电气设备箱不打开检查，一般只是检查它们的外观是否受到损伤、外盖是否锁紧和密封、接插件是否脱落。此外，悬挂装置也需检查是否松动或受损。检查的电气箱主要包括牵引电气箱、辅助逆变器箱、高速断路器箱、主接触器箱和电阻箱等。

(六) 车载信号系统接收装置

信号系统也是每天必须认真检查，保证运营安全、准点。车底检查主要是ATC接收装置，检查其线圈和机架是否完好。

二、车上检查

(一) 客室照明

检查客室照明灯带，发现有灯管损坏，立即更换。

(二) 客室座椅及扶手

检查座椅是否断裂或严重破损，必要时更换。扶手或座椅是否松动或固定不稳，如有松动现象，检修加固。

(三) 折篷和贯通道

检查折篷是否有破损，甚至漏雨漏风。检查贯通道渡板是否磨耗到限。如果有上述情况，应立即更换。

(四) 电气控制柜

现在制造的城市轨道车辆都有列车控制单元（TCU）、故障存储单元（CCU）、电子制动控制单元（BECU）和空调控制单元（ACU）等，它们一般都集中安装在客室一端的电气柜中。日检时，首先，目测检查这些控制单元的工作状况，电子板上的输入输出接插件是否松动或脱落，指示灯是否正常闪亮；然后，用便携式计算机读取这些控制单元中储存的故障，并对故障进行存盘记录和分析；最后，将控制单元原来储存的故障删除（见图4-4）。有些车辆故障存储系统可以通

图4-4

过司机室驾驶台上的显示屏读取故障。

（五）客室车窗门

日检须对客室的每一个车门和车窗进行检查。首先，检查车窗玻璃是否碎裂、漏气形成弥雾状；其次，检查车门是否变形，测量关门速度，检查护指橡胶条是否脱落或破损；再次，检查车门上方紧急拉手是否完好并处于正确位置；最后，还要对整列车门进行联动检查（见图4-5）。

（六）指示灯

检查车内外各种指示灯（包括车体侧墙上的列车运行状态指示灯）是否完好并指示正确。

图4-5

三、车顶检查

日检在车顶的检查包括以下部位。

（一）受电弓

检查碳滑板是否碎裂或磨耗到限，托架和羊角是否损伤，升弓气缸是否泄漏。

（二）避雷器

检查避雷器是否有外伤，绝缘瓷瓶、连接线和紧固螺丝是否完好无松动。

（三）空调机组

对空调机组一般只做外观检查。检查冷凝风扇运转是否正常，扇罩是否被堵塞，机组安装处是否有积水。

综上所述，日检主要是对运营车辆安全有关的设备和部位进行重点检查。日检以检查为主，维修为辅，所以检查方法以目测、耳听、触摸和简单测量为主，使用工具以钢皮尺、普通电工工具、摇表和电筒等为主。但是日检记录的内容可以对以后的车辆维修起到参考作用，同时也是车辆履历的最基础、最重要的记录。做好日检是车辆运行和维护的重要一环。

第二节 月检（双周检）工艺过程和操作方法

月检也是城市轨道车辆日常维修的重要一环，是每个月进行一次的对车辆保养和检查。有许多车辆，过去月检是双周检，每两周进行一次，之后因经验积累，延长了检查周期，改为每月一次。现在也有新造车辆，最初投入运营时还做双周检。由于新车故障多，对其性能掌握不够，所以需要经常检查和发现问题，待车辆性能稳定后再改为月检。

月检属于低级别的检修。月检的内容基本覆盖了日检，但增加了对易耗零配件的更换以及对部分易损零件的修理。月检一般所需时间为一天，所以要占用车辆投运时间。为了缩短留车时间，有的单位做月检也只需半天。

月检主要内容如下：

(1) 检查受电弓及其碳滑板。用 0~15kg 的管形测力计测量受电弓的向上静态压力，一般为 120N。对受电弓上的销和轴承加注润滑脂。

(2) 检查避雷器。

(3) 检查空调机组，包括冷凝器及其风机，管路表面及接口。更换空气滤尘网，清洗新风过滤网，清洗排水孔。

(4) 对转向架的检查与日检相同。

(5) 检查牵引电机的进、出风口。如果是直流牵引电机，则重点检查换向器和碳刷，根据检查情况确定是否要打磨换向器表面和更换碳刷。对空压机电机进行相同检查和修理。

(6) 检查高速断路器、主接触器（直流车），对触头进行必要的整修或打磨等。

(7) 对静止逆变器箱内部进行清洁，用麂皮和触点喷剂清洁并保养接触触点。对应急电池进行清洁和测量电压。

(8) 对牵引箱和其他电气箱进行清洁，检查线路接触器和各类电子模块。

(9) 对 TCU/BECU/CCU/ACU 等控制系统柜进行与日检类似的故障存盘、运行状况检查。

(10) 清洁并检查蓄电池箱，检查电解液高度，测量各单体电池电压。对车门、窗、客室内部的设施、照明等检查与日检相同。但对车门的门锁机构、紧急排气装置以及气动门的驱动活塞杆等除了检查，还必须进行润滑。

(11) 对车钩及缓冲器的检查与日检相同。

(12) 对制动系统的检查与日检相同。

(13) 进行牵引和制动试验。

月检与日检最大的区别是月检需要做动态牵引试验和制动试验。试验在试车线上进行，牵引试验包括 0~36km/h、0~60km/h；制动试验包括 40km/h、60km/h、80km/h 全常用制动和 40km/h、60km/h 快速制动。如果试车线较长，还需做 80km/h 快速制动试验。

第三节　双月检工艺过程和操作方法

双月检是与双周检配套的检修周期，如果不做双周检，一般就不做双月检。双月检是每两个月进行一次的检查和保养，与月检的检修内容大致相同。其主要内容除了与月检相同的以外，还有检查更换闸瓦、给蓄电池组加水、座椅检查、照明检查等。现在有些城市轨道交通企业（如上海地铁）已基本取消双月检，将其内容归入月检。

第四节　临　　修

临修与日检、月检等日常维修不同，它没有固定的检修周期，但在车辆运营中经常会发生某个零部件故障，需要立即更换零部件或作排除故障处理，因此临修虽然也属于车辆日常维修一部分，但它是一种事后维修。

一、临修发生的主要原因

根据经验积累,车辆零部件发生故障几率最高的一般首先为有触点电器,如继电器、接插件、接触器、行程开关等,其次是电子设备,如电子线路板、大功率电子器件等。机械故障相对少些,而一旦发生就比较严重。故障比较集中地在这些零部件上发生是有其原因的。

有触点电器在车上数量巨大,每列车上仅继电器就成百上千。日常定期检查,如日检、月检不可能对它们逐一检查和测试。它们的工作频率又特别高,每天动作上千次,氧化磨损、疲劳磨损和金属腐蚀使它们触点接触不良,导致故障频繁发生。

大功率电子器件和电子线路板因为结构复杂,抗干扰能力差,在日常维护中也没有可能去经常测试或检查。这些器件或设备基本上处于"状态修"状况,即"不坏不修,一坏即修"。

机械零部件的临修较少,由于它们比较直观,因此在日常检查中容易发现故障或故障苗子。但有些部位较为隐蔽,不易观察和触摸到;或者故障苗子太小,如裂纹太细小,也不易发现;有时车辆在运行中遭受外力的突然袭击,使部件承受强烈的冲击而损坏。这些都是造成车辆机械临修的原因。

二、临修作业方法

车辆发生临修,临修场地可视故障部位和故障情况而定。如果故障原因很明确,只需更换小型的零件,则可以在车辆运营的折返线或停车线上利用短暂的停车间隙进行临修。如果故障原因未明,或者需要更换较大的部件,则应立即使车辆退出运营,返回检修库进行临修。为了弥补车辆退出运营的时间,临修时间应尽量缩短。因此,临修必须集中具有较高经验和技术的人员分析原因,并且动用一切人力、物力和设备进行抢修。一旦车辆故障排除,应立即返回运营线路。

由于临修时间紧迫,故障原因也一时难以找到,所以临修一般都以更换零部件为主要排故方法。有时故障部位都找不到,只能逐项检查,直到找出真正的故障原因。

做好临修记录非常重要,因为故障部位和故障频率的统计对掌握车辆故障发生规律、改进车辆零部件设计和加强重点维修部位都有重要的指导意义。

第五章　城市轨道车辆的定修

第一节　定修的工艺过程

定修属计划修，是一种预防性的检修，一般每 10 万 km 或一年进行一次（两个指标无论哪个先到就开始定修）。定修对重要的大部件作较细致的检查；对检查后发现故障的部件进行修理；对易损零件进行更换；因此，定修需要把列车分解，然后进行架车检查和修理。

城市轨道交通的车辆段（停车场）基本上都设有一条专门的定修线，而车辆修理工厂甚至会设两条定修线。车辆定修就在定修线上进行。虽然日常维修的日检和月检每次也检查转向架、车钩和牵引电机，但总是有部位检查不到或检查不彻底。因此，经过一年或超过 10 万 km 的运行，必须分解列车和架车，对转向架等大部件作仔细检查。

定修线上配备的架车机，是一种可以沿列车纵向移动的活动架车机。定修列车解钩后，每节车与每节车之间分开一定距离。然后用架车机逐一架起车辆，推出转向架，放置在车与车之间的空挡里，对其进行检查。一般一条定修线配置三组架车机，每组四个，一次可架起三节车。如果前面三节车检查转向架，后面车辆就作其他检查，尽量互不干扰。一般定修线下面有地沟，可对车底作检查。定修线上空大多有行车，可以起吊像空调机组、转向架和车钩这样的重型部件，所以更换零部件很容易。

定修的工艺过程如图 5-1 所示。

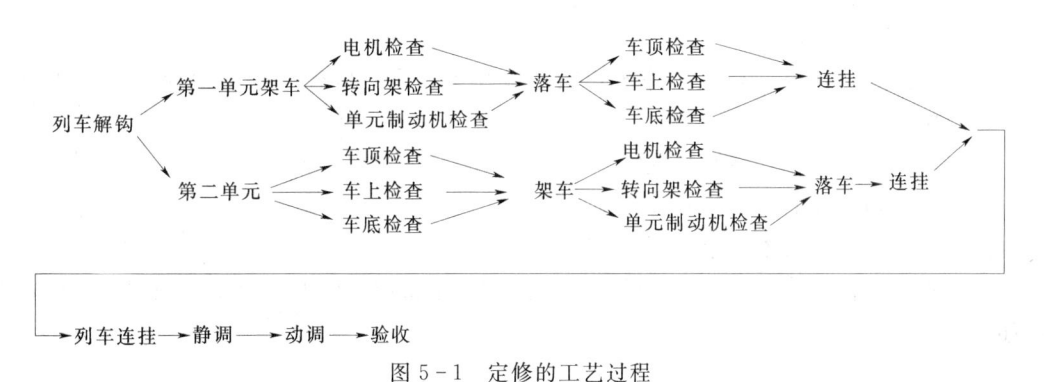

图 5-1　定修的工艺过程

定修的检修内容较多，检查也有相当的深度，因此，一次定修的时间大约需要 8～9 个工作日。

第二节　定　修　工　艺

定修的主要目的是对重要部件进行细致的检查和对发现的故障进行修理，其主要分项内容及工艺如下。

一、转向架检修

转向架关系到列车的运行安全，经过一年运行后必须做彻底检查。因此在定修中它从车辆上落下，被推出车底进行清洁并仔细检查。检查的主要部位如下。

（一）轮对

用轮径尺测量车轮直径是否到限，车轮直径一般不小于770mm；用轮对内侧距尺测量轮对内侧距，如果超出标准，说明轮轴配合已松动；用轮缘尺测量轮缘厚度、高度，以备镟轮参考。

检查车轴是否有外力损伤，有裂纹。如果发现疑点，再进行着色探伤。

检查踏面的磨耗情况；检查是否有严重擦伤、剥离，将情况记录下来，供镟轮参考。

（二）构架

检查构架有无锈蚀、裂纹，特别是电机座、轴箱弓形部分；如果发现疑点，再进行着色探伤。

（三）轴箱

打开轴盖检查油脂是否变质、污染；油脂不足时应添补。

清洁速度传感器磁轮。

更换轴箱盖密封圈。

（四）齿轮箱及悬挂装置

检查箱壳是否受到外伤。

齿轮箱分箱面及出轴处是否渗油。

更换齿轮箱油，检查油堵吸附金属屑情况。

特别需注意检查齿轮箱的悬挂装置，是否松动、受伤或位置偏向。悬挂装置如脱落或断裂，齿轮箱将翻转引发大事故。

（五）一系和二系悬挂

检查一系弹簧是否有裂纹、外伤。如是橡胶层叠簧，检查橡胶与金属黏结是否有剥离，橡胶层是否有裂纹。

检查二系弹簧（空气弹簧）气囊外表是否有裂纹、损伤；安装后检查是否有泄漏。

转向架其他部件的检查与月检相同。

二、牵引电机（直流）检修

直流牵引电机的定修一般不从转向架上拆卸下来检修，除非检查中发现问题。检查重点如下。

（一）换向器

检查换向器表面是否光洁，对其进行清洁、打磨并测量换向器径向跳动。径跳一般小于0.08mm。观察无纬带表面（可见部分）是否有毛刺、烧伤。

检查升高片是否发热变色，脱焊。

（二）碳刷

检查刷架绝缘子及紧固螺栓是否完好、紧固。

检查刷握、刷盒、压指、压指簧是否有裂纹、烧损、铜瘤；压指应该有力。

检查碳刷磨损情况，打磨或更换碳刷。
（三）速度传感器
检查传感器接线插头与插座是否完好，清洁探头表面。
（四）轴承
轴承应无发热迹象，不渗油，适当补油脂。

三、车钩检修

车钩仅在定修或以上检修时才被打开，车钩连接面是检查重点。
（一）全自动车钩
用铁棒模拟对接，检查撞钩时钩舌连挂动作是否灵活。
用酒精清洁结合面和电气触头。
测量钩头中心至轨面的距离。
进行自动和手动解钩操作，检查其功能是否正常。
（二）半自动车钩
检修内容与全自动车钩相同。
（三）半永久车钩
检查零部件是否完好，清洁车钩。
对车钩的其他检查和维护与月检相同。

四、空调机组检查

吊起空调机组，检查防振橡胶块及紧固螺栓。
打开机盖，检查压缩机组；检查冷凝器及蒸发器翅片；检查电磁阀。
观察制冷液视镜中心色柱，检查是否要更换滤芯；检查储液桶视镜中的液面。
用测漏仪检查管路、阀门是否有泄漏。
使用便携式计算机控制空调机组进行调试。

五、制动系统检修

（一）空气压缩机组
检查悬挂吊绳是否完好、连接是否牢固。
更换空压机油。
清洗油浴式过滤器。
（二）空气干燥塔
清洗排污口。
用湿度计测量检查出口空气的湿度，一般不能大于35%。
（三）单元制动机
测量闸瓦与踏面之间的间隙；测量闸瓦厚度，如果到限立即更换。
检查停车制动功能，包括人工缓解。
（四）风缸
对风缸排水，检查塞门是否有泄漏。
制动系统的其他检查与月检相同。

六、车下电气及控制箱检查

定修对车下所有电气和控制箱打开进行清洁和检查。

（一）接触器箱（直流车）

对主触头表面的小面积烧损结瘤应刮去砂平，如果面积大于50％，更换触头。对新装触头用复印法检查接触面积。

检查灭弧罩，导弧角无结瘤，转轴无移位，罩壁无严重烧损。

（二）制动（削磁）电阻箱

用压缩空气吹扫后，检查电阻带是否烧损或有异物搭结，绝缘子是否脱落，高速风扇工作是否正常。

（三）电抗、电容箱

清洁、检查电抗和电容，并测量感抗、容抗。

（四）高速开关箱

清洁并检查高速开关的主触头、灭弧罩。

用低压大电流电源对高速开关分断电流值进行重新设定。

（五）牵引箱（辅助逆变器箱、斩波器箱）

开箱用吸尘器清扫电子线路板、电子元件及构架，检查安装和接线情况。

检查箱盖的密封条、箱体是否渗水。

七、车上电气柜检查

对车上电气柜内 TCU/CCU/BECU/ACU 等控制箱的电子线路板进行清扫和检查，更换锂电池，重新设定时间，设定轮径代码，等等。

八、安全门检查

开启头车驾驶室的安全门，检查其功能。

九、更换蓄电池

对车载蓄电池组全部进行更换，测量蓄电池总电压（见图5-2）。

除了上述九项检修外，定修还要对受电弓、避雷器、车门窗、座椅、扶手、内外照明、渡板折篷和指示灯等进行检查或修理，但基本内容和工艺与月检相同，这里就不再重复了。

十、列车镟轮

部件检修和分项检修结束后，列车重新组合和连挂。连挂后，列车被送至镟轮线。所有车轮将通过不落轮镟床，进行轮对踏面的镟削和测量。不落轮镟床按踏面标准自动对各个轮对测量、计算和加工，并把镟削结果记录下来（见图5-3）。

十一、列车调试

定修列车最后还要进行静态和动态调试和试验。静态调试包括以下

图5-2

几项：
(1) 启动试验。
(2) 升弓试验。
(3) 空调机组顺序启动试验。
(4) 复核、调整制动空压机压力开关。
(5) 检查防滑阀功能。
(6) 全常用制动和紧急制动功能试验。
(7) 停车制动及缓解试验。
(8) 直流制列车接触器模拟试验（用便携式计算机软件模拟指令）。

动态调试和试验包括以下几项：
(1) 动车启动及收车试验。
(2) 低速牵引、制动试验。
(3) 牵引曲线试验（20km/h、40km/h、60km/h、80km/h）。

图 5-3

(4) 制动试验：40km/h、60km/h、80km/h 全常用制动；40km/h、60km/h 紧急制动。
(5) ATC 试验。

第三节 定修的工艺特点和作用

从定修的工艺过程来看，它具有以下几个特点：
(1) 因为定修以检查为主，修理为辅，很多零件未到修理极限，所以不采用互换修，而采用现车修。
(2) 为了缩短停修时间，定修采用分空间（车前、车后、车上、车下）分专业同时作业的方法组织生产，这样可以充分利用空间和时间。
(3) 因为一列车的定修工作量虽然不大，但是每年要进行的定修列车数量很大，因此，一般都专门成立一个定修组来负责定修工作；既充分利用劳动力，又能实现检修专业化。

定修在城市轨道车辆的预防性计划定期修理中，是周期最短，级别最低的一种。虽然它不像架修和大修那样对车辆及其所有零部件做彻底的检查和修理，但定修在车辆的日常维护与架修和大修之间起到了承前启后的过渡性作用，这对保证车辆的长期运行安全有着重要而不可替代的作用。

第六章 城市轨道车辆的架修和大修

第一节 架修和大修的性质和目标

　　城市轨道车辆的架修和大修都属于高级别的定期维修，即时间性预防维修。它是以使用时间或运行里程作为检修期限；只要车辆使用到预先规定的时间或运行的里程，不管车辆的技术状态如何，都要进行规定的检修工作，这是一种带强制性的预防维修方式。定期维修的主要依据是机件的磨损规律：当车辆运用一定时间或走行一定里程后，某些零部件会产生一定程度的磨损，磨损严重时会影响其正常工作和安全，甚至会出现故障或造成事故。通过对车辆零部件损伤的大量统计资料进行分析研究后，把车辆上不同损伤规律和损伤速度的零部件，科学地划分成若干组，并确定出不同零件的损伤极限，从而规定了不同修程的修理期限和修理范围。这样，使车辆在运用中能得到有计划的修理，亦即零件尚未达到极限损伤之前就加以修复或更换，所以是预防性的有计划的修理。

　　我国城市轨道车辆的架修一般是每 50 万 km 或每 5 年进行一次（两个指标无论哪个先达到即开始架修）。架修类似铁路客车的段修。车辆架修主要是恢复性的修理。架修时应对车辆进行全面检查，但重点是车辆的走行部（转向架）、车钩缓冲装置和空气制动系统等部件。对车辆在运营中已经发现的各种故障和损伤应彻底修复，按架修限度规定更换磨损过限的零件，保证各零部件作用良好，减少架修后投运中的临修作业，以提高车辆的使用效率。架修时首先将列车解钩，然后对每节车进行大部件拆卸，如转向架、牵引电机、车钩、空调机组、车门、制动控制单元和单元制动机等。这些拆卸下来的大部件分别送入各个专业班组进行检查和修理。而还有一些大部件则留在车上进行检查，如牵引斩波器（逆变器）、辅助逆变器等。此外，有些只能在现场作业的项目，如地板、内饰等也在车上修理。架修的最后阶段是列车进行组装、调试。

　　大修是最高级别的车辆修理，一般是每 100 万 km 或每 10 年进行一次（也是两个指标无论哪个先到达即开始大修）。城市轨道车辆的大修与大铁路客车的厂修类似，大多在大型轨道车辆修理工厂内进行，也有送回原车辆制造厂进行大修的。车辆大修的目的是对车辆做彻底的检查和修理，使其恢复新车出厂时的功能和标准。大修除了覆盖架修内容外，还要更换车轮、轴承、内饰和橡胶件等零部件。大修时对车辆进行全面细致的检查，对主要部件按大修限度（大修限度是车辆进行大修时，零部件上允许存在的损伤程度的规定，也是检验损伤修复后是否合格的依据）进行更换或彻底修理。大修还有一个额外任务，如果通过长期运营后发现车辆的个别部件设计有问题，应修改设计并重新制造部件在大修过程中更换。如果有的零部件其应用技术经过 10 年时间后已经被淘汰，还需对车辆进行必要的现代化技术改造，以提高现有车辆的质量。最后，车体还要进行整修和油漆。

第二节 架修和大修工艺过程

一、架修和大修的工艺过程

城市轨道交通车辆的架修和大修一般都在专用的架/大修库内进行。自按计划规定进行架修、大修的列车被送入大修库起，直至修理调试结束的全过程，称为车辆架修或大修的生产过程。通常架修和大修的全部生产过程应包括以下几部分：

(1) 办理修车的交接手续。
(2) 待修车的修前清扫工作（用压缩空气在专用的清扫线上对车底部位进行吹扫）。
(3) 对待修车进行外观检查，记录缺损部件，制定检修计划。
(4) 列车分解和车辆分解，以及车辆进一步分解为零件或部件。
(5) 零部件在专业班组或车间清洗、检查、并确定其修理范围。
(6) 零件和部件的修理、装配和调试。
(7) 车辆组装及油漆（仅大修后油漆）。
(8) 列车联挂及静态调试。
(9) 列车试车线动态调试。
(10) 修竣车的技术鉴定和交付使用。

在上述车辆修理过程中，从待修车的分解，经过一系列按规定的检修程序，将车辆进行全面检修、组装、调试的作业过程的总和，就是车辆架修或大修的工艺过程。上述生产过程中的第 (4)～(9) 项，即构成车辆架修或大修的全部工艺过程。

二、架修和大修零部件修理作业方式

正如本书的第三章第二节所述，根据车辆零部件修理作业方式的不同，车辆修理工艺过程可分为现车修理（即不换件修理）与互换修理两种类型。由于城市轨道车辆的种类较多，结构大不相同，备品件库存数量差异很大，所以采用两种方式之一的或两种方式混用的都有。

上海、广州地铁的车辆基本上来自国外，备品备件数量不多，备品备件国产化的进程较慢，因此，目前架修和大修只能采用现车修理为主，互换修理为辅的方式。而以国产车辆为主的北京地铁，其架修和大修则采用完全互换修理的方式。

实际上，各种部件的修理过程和速度并不相同。如一列车的转向架（12～16 个）的一般修理时间需要一个半月，而一列车的客室车门的修理时间仅需一周。与车体大修并油漆的时间一个月相比，转向架必须互换修，客室车门则可以现车修。

此外，有的部件可以互换，但有的部件只能现车修理，如客室内装饰板的整形、客室地板修补、车窗和制动管路等检修。现在有的城市轨道车辆牵引控制箱或辅助电源箱体积很大，如上海二号线的交流车，不易拆装和运输，一般在架修时就现车检修调试。只是在大修时才视情况拆卸，运回车间检修调试。

互换修理的最大优点是能缩短车辆停修时间，并可采用流水作业，从而有效地提高劳

71

动生产率和车辆利用率。但它的缺点是需要大量备品备件或一定数量的周转件（互换件），这对于车型较多、备品备件储备量小的修理单位来说是有困难的。但是对一些修理和组装时间较长的部件，例如转向架、轮对和车钩等，必须进行互换修。还有一些有条件拥有大量备品件的部件，例如受电弓、单元制动机等，由于价格不高，所以备品备件多，因此都可以实行互换修理。

第三节　架修和大修的生产组织

与大铁路系统的客、货车段修和厂修不同，城市轨道车辆的架修和大修均不采用流水作业的生产组织方法。

首先，城市轨道车辆的车型较多，同一车型的车辆数量不大，采用流水作业不经济。不像铁路上同一型号的客车或货车成千上万、数量惊人，容易形成流水作业线。其次，城市轨道车辆的结构复杂，动车有电机驱动系统，拖车带驾驶室有列车控制系统；列车编组固定，检修结束后需要进行列车动、静态调试，技术含量高，不适宜采用流水作业。而铁路客、货车厢结构简单，无动力，编组不固定，可以采用流水作业方法。

但是，城市轨道车辆的某些部件的修理可以采用流水作业，如转向架、主接触器、单元制动机等。这些部件的数量较大，修理工序较多，一般都有分解、清洗、修理、组装和调试等修理工艺过程。对修理工人专业化程度要求比较高，使用设备上有很大一部分是专用的或特殊设计的，特别是调试设备和工具，有些是从国外进口的。流水作业为专门技术、专用设备的使用提供了最大可能性。

由于采用定位修的方法，所以城市轨道车辆架修/大修库的设计基本上都不是长条形的。比较典型的架修/大修库如图6-1所示。

库中修6线为架车线，装有地下架车机，三节车长，可一次分解最多三节编组的动车组。一列六节编组的列车分两次分解成单节车；一列八节编组的列车需分三次分解成单节车。列车分解成单节车后，单节车被地下架车机抬升，转向架从车底落到轨道上然后被推出，通过移车台送到转向架修理流水线上去。车体则用假台车（一种代替转向架的可承载车体的小车，见图6-2）装载，也通过移车台被送至右侧的五条大修线（修1～修5）上去。每条大修线可放置三节车辆，整个架修或大修过程中间，车体就这样由假台车或者其他固定台架负载着。为了保证在检修过程中不倾倒或摇晃，在使用假台车的同时，车体四个角还需用可调节高度的支架支撑牢固。在车辆分解时尚未拆卸的部件，这时可在车体上继续拆卸。现车修理的项目则在车体上进行。车体如需修理的，也由假台车装载，送入车体车间修理。车体的最终油漆，也是由假台车运输至油漆车间进行的。

从车辆上拆下来的部件，按照专业分工，被送入库内标明的各个车间或班组（工段），进行分解、清洗、修理、组装、调试和存放。现车修理的各个小组按计划上车修理，互不干扰。车辆的组装大部分在大修线的车位上进行；小部分安装困难，需调节车体高度才能安装的设备（如各种车底设备箱）则在架车线上进行。转向架的安装必须在架车线上进行，因为修竣的车辆是由假台车承载的，将假台车替换转向架的作业必须抬升车体，而抬升车体和起落转向架、假台车的作业只能在架车线上完成。单车连接成动车组（三节或两

第三节 架修和大修的生产组织

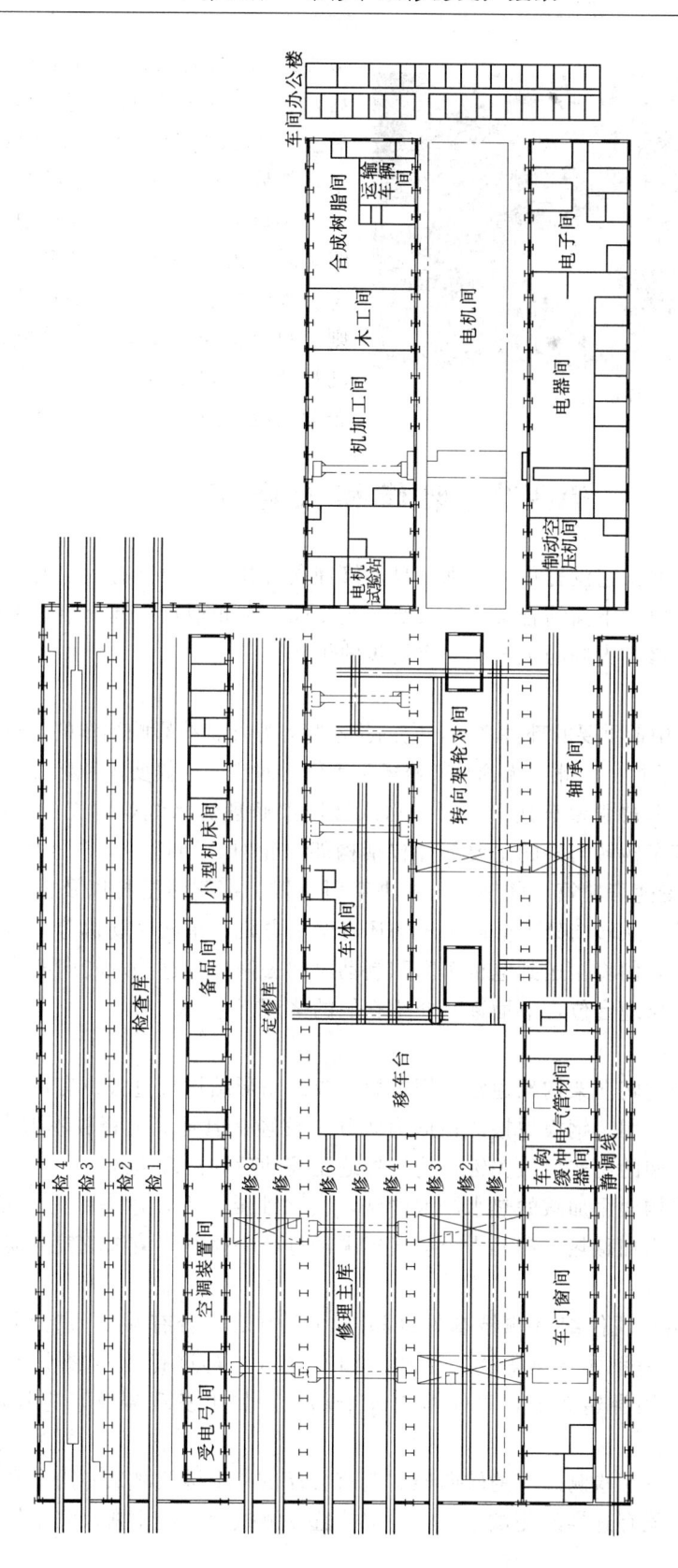

图 6-1 联合检修车间布置图

第六章 城市轨道车辆的架修和大修

节编组），然后由调机机车联挂成整列车后，送入静调线进行静态调试。静调结束后上试车线进行列车动态调试。动调结束，架修（或大修）才算真正完成。

架修或大修的整个生产过程的空间组织和时间组织是相当复杂和严密的，必须符合连续性、协调性、平行性和均衡性原则。只有按照这些原则，才能以最小的劳动耗费，取得最好的生产成果，从而提高企业的经济效益。

图 6-2

第四节 架修和大修工艺

架修工艺与大修工艺没有很大差别，只是修理项目和修理限度有一定的不同。为了避免讲述内容上的重复，下面结合架修和大修工艺相同点和相似点一起介绍，再指出其不同点，使大家能对架修和大修的工艺有一个初步的了解。

一、转向架

转向架是车辆中最重要的部件之一，它的技术状态好坏直接影响列车的运行安全及车辆运行的平稳性和舒适性。因此，无论是架修还是大修，对它的检修要求和标准特别严格。

转向架从车体上被假台车换下来后，送入转向架修理流水线，首先进行零部件的分解。一般城市轨道车辆转向架的主要部件包括构架、轮对、轴箱、一系悬挂（弹簧）、二系悬挂（弹簧）、变速齿轮箱、联轴节、中央牵引装置、抗侧滚扭杆以及横向、垂向减震器和止挡等。当然，从转向架上分解出来的还有牵引电机、单元制动机等，但它们不属于转向架修理范围，它们将被送到电机车间和制动车间去修理。这些从转向架上分解下来的部件被分送到各个修理台位，下面逐一介绍它们的修理工艺。

（一）构架

城市轨道车辆的转向架构架通常为钢板焊接成的箱形结构，过去也有铸钢的，但是重量太大，现在很少采用。钢板焊接的箱形构架分量较轻，但是应力释放不够会导致变形。焊接质量对这种构架的制造也很关键，构架焊缝受震动后会出现裂纹。

检修中首先将构架用加碱的热水浸泡清洗，去除油腻污垢，过去称为"煮洗"。现在有了高压冲洗机，用加碱热水和几十个喷嘴集中进行高压喷射，清洗就较为彻底，老油漆也能去除。

清洗后的构架必须仔细目测检查焊缝和应力集中处是否有裂纹，特别是电机安装座、牵引拉杆座、一系弹簧座等受力部位。如有疑点，再进行着色探伤。检查时，构架应放置在一个专用翻转架上，以便检查各个部位。如果发现裂纹，应补焊或进行补强（见图 6-3）。

构架还要进行变形检测。有的转向架制造商会提供一个构架测试专用平台，如上海地铁车辆厂大修分厂就有这样的测试台。将构架放置在测试台上，用塞尺测量构架的一系簧

第四节　架修和大修工艺

座与测试台对应支座之间的间隙，然后将构架转180°再测量一次（见图6-4）。两次结果可以得知构架是否需要矫正。矫正方法非常复杂，这里就不介绍了。

图6-3

图6-4

（二）轮对

轮对由车轮和车轴组成。架修和大修首先检查车轮踏面和轮缘的磨耗和损伤的情况，测量车轮踏面直径；然后计算对踏面和轮缘修理后的踏面直径和轮缘高度，如果已达到检修极限（直径小于785mm，轮缘高度小于26mm），必须换车轮。但轮对的分解非常困难，因为在一根车轴上不仅安装了两个车轮，还有轴承、轴箱迷宫环、齿轮及齿轮箱挡油圈等。退轮前必须先拆下轴承的滚子、外圈和保持架，但是内圈要用电磁感应加热器加热膨胀后才能退下。车轮与车轴为过盈配合，安装时不是采用热套（车轮加热，车轴冰冻），就是冷压方法。但退轮现在不用加热和冷压的方法，一般采用油压自动退轮。现在很多车轮的毂孔上都加工了一条或两条油槽，而且毂孔和轴座结合面是一个圆锥面，向外变小。油槽与轮毂上的注油孔相通，注油孔平时用油塞堵住。退轮时，用油压机向注油孔注高压油，通过油槽在毂孔与轴座之间形成一个油膜，并胀扩孔使结合面的静摩擦突然消失。车轮在圆锥面的导向下，向外弹滑

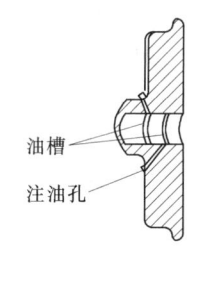

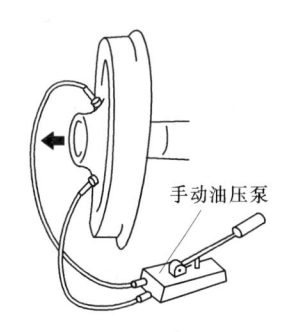

图6-5

而出（见图6-5）。采用这种方法退轮，必须注意安全。车轮要用吊具挂牢，车轮退出的瞬间要用软的木块阻挡一下，避免车轮吊着晃动伤人。有时因为某种原因结合面形不成油膜，自动退轮失败，只能采用油压机冷压退轮（图6-6所示为油压退轮情景）。

退轮后的车轴经过清洗，必须进行探伤，重点在轮座两侧向内12°～32°处。因为这个范围内，最容易出现疲劳裂纹。探伤用湿式荧光粉或磁粉进行电磁探伤，可以发现表面以下7mm深的细裂纹。动车轴上的大齿轮检修有时不退卸，轴的这个部位不能进行电磁探伤，但可以采用超声波探伤。探伤未发现裂纹的车轴才能重新组装轮对。

新轮安装可以用热套的方法，但现在更多的工厂采用冷压方式。在新轮的毂孔和车轴的轴座上涂润滑脂，用油压机的靠山支架将车轮顶住，然后用油压机活塞紧贴轴端面将车

轴压入毂孔，一直推进至轴座。压轮过程中，油压机显示的压力曲线应平稳均匀上升，最终压力应达到设计吨位。压力太大、太小或者有断续不均衡现象都说明毂孔与轴座的配合不符合要求，属于不合格轮对。压装第二个车轮时，特别注意两轮间的内侧距，国内标准 1353±2；进口车（欧洲）标准 1358^{+1}_{-0}。新轮对的踏面要经过镟削，一般在车轮车床上进行，按规定加工踏面形状。最后，对新轮对油漆。

（三）轴箱

轴箱无论架修或大修都必须彻底分解、清洗和检查。在使用电感应加热器拆卸轴承内圈和防尘挡圈时，要注意控制加热时间和加热温度，防止轴承内圈过热退火，还有要彻底退磁。清洗不能使用碱水，轴承应在煤油或汽油槽中清洗，最好使用轴承清洗机，既可提高清洗质量又可改善劳动条件。清洗后的轴承通过检查、探伤、抛光、修理和组装，最后检测内径、外径、径向游隙和轴向游隙等数值是否符合要求，并记入检查卡片，以便组装时选配。

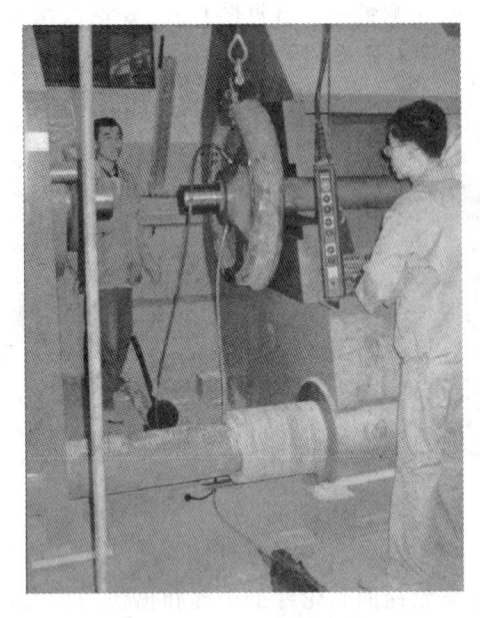

图 6-6

（四）一系悬挂

城市轨道车辆的许多一系悬挂采用人字形橡胶弹簧，拆下来后用清水冲洗并擦干。用塞尺检查橡胶层是否有裂纹，一般裂纹深度不能超过 8mm。人字形橡胶弹簧是由橡胶板和金属板（钢板或铝板）胶结硫化制成的，所以还要检查橡胶板与金属板结合部是否有脱开和剥离现象。

橡胶弹簧需在室温条件下放置 24h，然后上一系簧试验台进行垂向静载荷性能测试。测试结果首先判定该橡胶簧是否继续使用，其次提供配对数据。

一系簧试验台是专用设备，其功能和原理参见第七章相关内容。

（五）二系悬挂

将拆卸下来的气囊用清洗剂清洁，检查气囊外表是否有损伤、裂纹、刀痕或金属丝外露。检查层叠弹簧尺寸，并上弹簧测试台进行刚度测试。

（六）变速齿轮箱

架修时，水平分箱面的齿轮箱分解，但垂直分箱面的不分解齿轮箱，仅清洁和检查箱体，更换齿轮箱油。大修时，则必须将齿轮箱完全分解清洁和检查。装在车轴上的大齿轮有时不拆，但与车轴一起探伤。齿轮、短轴和轴承经过清洗、修理、测试，重新组装。齿轮箱油在转向架组装后再加入齿轮箱。

（七）中央牵引装置

对中央牵引装置进行分解、清洗和检查。对中心销、销轴和牵引拉杆进行电磁探伤。大修时更换复合弹簧。

第四节 架修和大修工艺

（八）抗侧滚扭杆

抗侧滚扭杆的拆卸有专用的高压油泵，拆卸后不得倾斜或倒地存放，以防变形。对抗侧滚扭杆进行电磁探伤。将扭杆置于车床上，用百分表测量扭杆是否变形。在扭杆关节球轴承处注油并重新组装。

（九）联轴节

对齿式联轴节，架修不分解，大修分解。分解后清洁和检查齿轮、金属软管是否完好、无损伤、无渗漏。

对于橡胶联轴节，使用时间超过5年，立即更换。

（十）组装

转向架按下列步骤组装：

(1) 在组装后的轮对上安装速度传感器。

(2) 在轮对轴箱上安装一系悬挂。

(3) 将构架落至轮对上，安装轴箱拉杆和垂向止挡。

(4) 安装安全轴销，齿轮箱悬挂装置。

(5) 安装单元制动机（从制动组检修后运来，见图6-7）、抗侧滚扭杆、横向缓冲装置、层叠弹簧和牵引拉杆等。

（十一）试验

转向架试验在专门设计的转向架加载测试台（参见第七章相关内容）上进行。主要测试转向架

图6-7

的轮重和轴的平行度。测试时，用液压缸对转向架的二系簧承载处加压，测量各个车轮的载重和轴距。将测量结果进行计算，轮载偏差不得超过整个转向架轮载平均值的2%；两轴平行度不超过0.75mm。左右两侧构架基本测量点至轨面的垂向高度差绝对值应小于1mm。如果上述数值有偏差，应予调整。调整方法主要是对一系簧和层叠弹簧加补偿垫片。

二、车钩及缓冲器

车钩及缓冲器是一个相对独立的系统，而且城市轨道车辆的密接式车钩与铁路车辆的车钩有较大的差别。它由机械、电气、气动各种零部件组成，有很强的专业性。因此，在架修和大修中它由一个专门的工段或小组来检修。

（一）全自动车钩

用扳手将车钩上的电器元件拆除，注意不要损坏电器元件。用冷水清洗机械车钩的表面和钩头。测量车钩钩舌间隙，将测量所得数据直接写在钩头上，并做好记录。将全自动车钩分解：将钩头分解、清洗、晾干。检查钩头各零部件磨损状况，对钩锁连接杆、抱箍和钩锁舌销进行探伤检查。检查结果应无严重磨损、无裂纹，将尺寸值记录下来。

对钩头零部件油漆和润滑，对中心轴只进行润滑，并重新组装。对钩舌板和中心轴的工作表面须涂油脂，锈蚀处清理后用抗锈涂层涂复并补漆。

对连接环清洁、检查、润滑和油漆，更换所有垫圈。对连接环进行无损探伤，连接环

不得有损伤。不得油漆连接环的内表面。

对缓冲器进行静态检查,检查标志环有无变化,并用塞尺检查轴环处间隙,并记录。

检查垂向支承、接地电缆和软管,应无裂纹、无老化、无磨损。

检查手动解钩钢绳,应无断丝、无断股、无翻毛。

清洗和检查解钩风缸及对中风缸部件总成,风缸内壁清洗并涂油脂,更换密封圈。

组装全自动车钩,更换所有紧固件,更换开口销。连接环紧固扭矩、支承座与钩尾冲击座紧固扭矩以及张力套处扭矩必须按要求达到。车钩必须进行功能试验和气密性试验。功能试验在专用的车钩试验台上进行,被试车钩安装在一个轨道小车上,由气动缸推它与试验台另一端的标准车钩对撞,观察对撞时机械车钩是否快速灵活,连接是否有效。车钩联挂后间隙应小于1.3mm,风管孔对接无泄漏。气路接头如有泄露,用密封胶重新密封。

对电气车钩清洗和检查;检查触点的弹性和表面光洁度;按线号用万用表检查其导线是否导通。导向杆上涂油脂。

(二) 半自动车钩

将支撑板从钩头上拆下,同时拆卸行程开关并送检测。清洗机械车钩的表面和钩头。测量车钩钩舌间隙,将测量所得数据直接写在钩头上。

将半自动车钩分解。分解后清洗支撑板及各零件,检查磨损情况。传动齿轮和齿条清洗后再涂油,其余零件补漆。检查电气车钩解钩孔盖板装置,弹簧损坏则更换。所有销钉和开口销换新,齿轮转动灵活,齿条伸缩自如。

钩头各零件分解、清洗,检查钩头各零部件磨损状况,有无严重磨损、裂纹。对钩锁连接杆和钩锁锁舌以及抱箍进行探伤检查。对钩头零部件油漆、润滑以及对中心轴进行润滑和组装。

对缓冲器进行静态检查,检查标志环有无变化并用塞尺检查轴环处间隙。清洗连接环,并进行探伤。清洗并检查垂向支承,接地电缆和通气软管无裂纹、无磨损,橡胶件无老化。检查支撑座有无裂纹、轴套有无严重磨损。

对中风缸、电气车钩等部件的清洗、检查、修理,以及半自动车钩组装与对接试验跟全自动车钩完全相同。图6-8所示为拆装半自动车钩的情景。

图6-8

第四节 架修和大修工艺

（三）半永久车钩

清洗和检查各零部件，应无污垢、无裂纹、无严重磨损。油漆车钩外表面。

对抱箍进行内表面磨损检查和探伤处理，抱箍应无严重磨损，无裂纹。将尺寸值记录下来。

对缓冲器进行静态检查并记录。检查标志环有无变化并用塞尺检查轴环处间隙。

检查支撑座有无裂纹，轴套有无严重磨损，橡胶件是否老化。

组装半永久车钩。支承座与钩尾冲击座紧固扭矩按照规定达到。对气路接头进行气密性试验，如有泄露，用密封胶重新密封并紧固。

电气车钩的清洗和检查与全自动车钩类似。

三、制动系统

制动系统既是个重要的专业，又是个庞大的机构。架修和大修的内容及零件数量都很多。有的部件虽然由其他专业拆装，如单元制动机由转向架组负责拆装，但检修仍在制动组；有的部件不属于制动系统，如车门驱动气缸，但由制动组进行检修。

（一）空气压缩机组

无论架修还是大修，都要分解空气压缩机组。分解后，清洗各个零部件，检查内部零件是否有损坏或损伤，尺寸应符合要求。

清洗空压机外表及冷却器叶片。冷却器叶片应无积垢，外表补漆应均匀完整。对需要润滑的各零部件用油脂润滑。组装空压机，并与电机重新连接后上试验台进行整机试验（见图6-9）。

（二）空气干燥塔

分解空气干燥塔，清洗并检查零部件是否完好、是否无堵塞，特别是排污机构。重新组装空气干燥器，更换干燥剂。对排污功能进行测试，测试功能应良好。空气干燥塔外表重新油漆。

（三）单元制动机

对单元制动机作外观清扫、冲洗积尘和污垢。松开闸瓦连接螺栓、螺母，取下挡圈环，抽出扭簧心轴，取下吊臂。拧下定位弹簧螺套，对弹簧片进行清洁后涂薄层黄油。

将单元制动机吊至试验台进行功能及泄漏测试（见图6-10）。

图6-9　　　　　　　　　　图6-10

安装吊臂、扭簧心轴、扭簧并将挡圈环扣好，扭簧和心轴涂薄层黄油，螺杆表面也涂黄油。

将闸瓦托连接螺栓插上，并将螺母加一弹簧垫圈拧紧。清洁并检查皮腔有无裂纹、损伤并对其润滑。更换闸瓦，安装应牢固。

架修不分解制动缸。大修分解制动缸并清洁内腔和活塞，检查活塞及弹簧，更换活塞环。

(四) 空气制动控制系统（BCU）

将 BCU 的各种阀和压力开关分解，对阀进行检查、清洁、润滑。在多功能阀类试验台上测试阀的功能。重新安装阀及压力开关，安装位置正确，安装牢固。

(五) 防滑阀

清洁阀的表面，应无积垢、无灰尘。对阀进行检查、清洁、润滑，应无损伤、裂纹。测试防滑阀的功能，功能应良好，无泄漏，电磁线圈绝缘性能良好。

(六) 双针压力表

拆卸并清洁压力表外表面，应无积尘、无积垢，表面玻璃清晰、干净。对表进行检查，应无损伤、无裂纹、无变形，玻璃无碎裂。校验压力表，应指示正确，性能良好。表具安装正确。

(七) 各种测试接头

清洁各种测试接头，应无积垢、无灰尘。对各种测试接头进行检查，应无损伤、无裂纹、无变形。检查各种测试接头的功能，功能应良好，无泄漏。

(八) 过滤器

拆卸过滤器，去除滤网上及内部的杂物。清洗后擦拭干净。

安装过滤器，安装位置应正确、牢固。

(九) 安全阀

架修和大修后，一般应更换所有的安全阀。

(十) 其他

除了制动系统外，一般制动组（工段、车间）还要承担其他气动部件的修理，如车门驱动气缸、刮雨机、气喇叭和二系悬挂高度阀等。

四、牵引电气箱

牵引电气箱指的是牵引斩波器箱、牵引逆变器（VVVF）箱等，虽然它们的电气原理不一样，但电气箱结构类似，检修方法也相同。

用干燥的压缩空气或吸尘器清洁牵引箱通风区域及安装区域。

拆卸各电子模块，清洁模块。检查各模块是否有损伤或烧灼的痕迹。重装各模块，要求安装、接线正确和紧固。

拆卸接触器，更换接触器主触点和辅助触点，检查机械动作是否正常。拆下灭弧罩，清洁、检查灭弧罩。重新安装接触器，安装应正确，接线要牢固。

检查牵引箱内其他部件有无损坏。清洁和检查进出风格栅，格栅应无堵塞、无损伤。检查箱体有无损坏、锈蚀，密封是否良好。拆卸牵引箱的冷却风机，更换轴承。检查风机，风机功能应正常。重新安装冷却风机，部件安装要正确、牢固，接线正确。检查电缆连接及电缆连接插座,触点及连接处应无损坏、无氧化、无锈蚀。

五、静止逆变器箱

检查箱体所有外部紧固件连接件,应不缺少、无锈蚀、无损伤。

检查端盖面板密封条和锁位压力触头,密封条无损伤和变形、锁位正常。清洁过滤网及内部风道区域,应清洁无积灰。

拆卸模块并清洁、检查,各模块目测应无不正常现象。清洁、检查并测试线路电感器、主熔器、绝缘子、电压传感器、电流传感器、子系统滤波电容、逆变器控制单元及其他部件,各部件应清洁无积灰,各项技术参数符合技术要求,各器件功能显示正常。

检查主回路各连接排和绝缘子各连接插头、插座,绝缘是否符合要求。检查冷却风机功能并更换轴承。

重新安装模块单元后,用便携式计算机进行静态调试和动态调试。调试的各技术参数、波形应符合技术要求。

六、牵引电动机

(一)交流电动机

架修时将电机从转向架上拆下,清洁并检查电机的进风口及罩盖,各部件应清洁、无损坏。

检查电缆、电缆接头及速度传感器,应完好无拉坏、无松动。

润滑两端轴承。检查注油孔盖,锁紧装置良好,无松动、无缺盖。

上电机试验台试验。

(二)直流牵引电机

分解电机,清洁各部件。

检查定子,定子绝缘无破损、过热现象。测试定子绕组对地耐压,在 4000V、1min 下定子绕组对地无击穿。

检查电枢,绕组表面无破损、无烧伤和过热。无纬带、无毛刺、无开裂。轴颈各工作表面无拉伤,键槽完好。1min 下电枢绕组对地绝缘,冷态下绝缘电阻大于 5MΩ,热态下绝缘电阻大于 2MΩ。

精车换向器表面。换向器表面粗糙度和下刻深度按照修理标准。工作表面无拉伤、无毛刺。

其他检修如碳刷、轴承等与定修基本一样,这里不再重复。

对电机进行试验。试验项目主要有额定制试验、小时制试验、换向试验、超速试验等。

七、受电弓

分解受电弓各部件,对所有零部件进行清洁。检查绝缘瓷瓶,瓷瓶表面应光洁、无油污、无裂纹、无破损,安装螺纹无烂牙。检查底部框架、下部撑杆部件、下部导向杆、上部撑杆、上导向杆、集电头,各部件应无裂纹、无变形。用标准靠模板检查部件外形尺寸,尺寸应符合要求。

检查气动升降装置及主压簧部件。气动装置压力在 3~6kg/cm^2 之间,5min 保压试验,泄漏量不大于 0.2bar。

组装受电弓，更换轴承并润滑各相关部件，注油至两侧排出润滑脂为止。更换碳滑板，安装到位，其过桥连接编织线连接正确。

对受电弓进行升、落弓时间及接触压力测试。测试在专用的受电弓测试台上进行。一般要求升、落弓时间为7～8s，压力范围为12bar。

对绝缘瓷瓶进行绝缘电阻及交流耐压试验。绝缘电阻应大于500MΩ。在4750V、1min下无闪烁、无击穿。

八、高速开关箱

分解和清洁高速开关，检查各个部件是否有损伤和变形。

清洁并检查灭弧罩，灭弧罩内、外清洁，灭弧片良好。

用游标深度尺检查叉架与滚轮间的离合间隙。

更换主触头；更换各机械磨耗件，如导杆装置、减震装置、减震器和叉架等。

用低压大电流电源检查和调整跳闸门槛电流值。

九、蓄电池组

首先要注意，蓄电池属于易燃易爆物品，因此，它的检修场地也应该是防爆级的。

从车辆上拆下蓄电池箱，运回蓄电池车间。清洗蓄电池箱。箱体应清洁、无残液，排液孔通畅。

检查电池抽屉、木格及连接电缆。抽屉应动作灵活，无机械损坏；木格无破损，接线良好。

清洁主蓄电池。清洗前，用黄色运输塞换下白色气塞，电池、气塞、连接件应清洁、无结晶。检查蓄电池电解液比重。对主蓄电池进行充放电。电池电压应大于110V（直流）。

检查主蓄电池转换开关盒及保险丝闸刀开关盒，盒内保险丝、隔离二极管应完好。检查车上各连接线。线缆及接线端子应完好，无破损。对导电排涂凡士林、涂抹应均匀。

十、制动电阻箱

拆下制动电阻箱，打开箱盖，将各个电阻单元连架一起取出。清洁后电阻片上应无积灰。检查电阻带，电阻带应无过热痕迹、无变形。

检查绝缘子。绝缘子应无破损、无丢失。

清洁和检查制动电阻箱内部，箱内应无积灰、无破损、无明显变形。

重新安装电阻带时先检查电阻带安装框架，框架应无变形、无破损。电阻带安装后，测量电阻单元阻值，阻值应在规定范围内（见图6-11）。

检查冷却风机机筒和悬挂处各焊接部位，应无开焊、无裂纹、无变形，悬挂处平整。检查风机网罩和风机座板，网罩应无变形。

检查冷却风机驱动电机，电机端盖应完好，端盖轴承座无拉伤。退出高速轴承，清洗轴承不留残脂。轴承重装后，电机通电30min试验，检查电机轴承是否发热。

检查风机叶片。叶片安装孔应无拉伤；叶片完好，无积垢。对风机进行振动测试，低速振动值不大于3.0mm/s，高速振动值不大于7.0mm/s。

十一、客室车门

客室车门有各种形式，这里仅以气动式内藏对开门为例，介绍客室车门的架修和大修。

第四节　架修和大修工艺

图 6-11

从车上卸下所有门叶，运回车体车间清洗和检查。

另从车上拆下所有的驱动气缸，清洗并润滑驱动气缸的活塞杆和球形铰接头，使气缸运行自如，无异声。

拆卸并清洗门锁钩装置，检查门锁钩单元的磨损情况并加油润滑，门锁装置应活动灵巧无阻碍。清洁并润滑解锁气缸的活塞和活塞杆，检查解锁气缸有无严重磨损，是否运行自如。清洁和检查紧急开门装置，应功能正常。

清洁和检查导轨，调整紧固导轨螺栓，导轨工作表面清洁不可使用化学清洗剂，无松动现象。

清洁和检查上下端门刷、门叶玻璃安装橡胶条和护指橡胶密封条，并对护指橡胶加硅油。门叶应无变形；护指橡胶密封条无破损、无老化，两门封条上下距离之差不大于 2mm，而且间隙下小上大。

将清洗、整形后的门叶装回车上。检查车门承载轮、防跳轮、门叶、门槛间隙和安全钩的互相关系的几何尺寸。

清洁和检查传动钢丝绳，钢丝绳应无损伤、无部分断裂现象。用悬挂重块的方法测量其张紧程度。距离门中心左侧 165mm 处，挂 2kg 铅锤，被挂处钢丝绳下半周与钢丝绳上半周之间的距离应为 15mm±3mm。

清洁、检查限位开关，若有损坏必须更换。

检查开关门时间和关门压力。开关门时间和关门压力按检修规程执行。

十二、空调机组

（一）机组箱体

将箱体与通风道连接的过渡风道拆掉，用悬臂吊吊起空调机组箱，放置在运输小车上运回空调车间检修。

分解空调机组，清洗箱体；检查箱体是否腐蚀、破损、变形。检查箱体紧固件有无损伤。检查箱体防震胶垫是否破损、老化、有裂纹，一般大修时更换。

（二）蒸发器箱

拆除蒸发器箱内部隔热层。清洗箱体内部及进风格栅。拆下旧风滤尘网，更换新件。

清洁混合风滤尘网框架，更换混合风滤尘网。粘贴隔热层材料，要求粘贴平整。

拆下通风电机和风叶。分解并清洗电机，更换轴承，烘干定子，重新组装电机。测量电机对地绝缘。电机运转应平稳，无异声。

清洗蒸发器翅片，翅片表面无积灰。检查和梳理蒸发器翅片，应无损伤变形。清洗排水孔，保证箱内排水顺畅，无积水。

清洁和检查循环空气挡板、气动缸及气路，应功能正常、无泄漏、结构无松动。清洁并检查各温度传感器、管路、阀门，应无损伤、无变形、无泄漏。

（三）冷凝器箱

拆下冷凝电机和风叶。分解和清洗电机，更换轴承，烘干定子，重新组装电机。测量电机对地绝缘。电机运转应平稳，无异声。清洗并检查风叶，风叶应无损伤，如有损伤更换风叶。

清洗箱体和冷凝器翅片，用压力水枪冲洗，污垢严重的使用中性洗涤剂。检查冷凝器翅片应无损伤、无变形。

检查管路、电磁阀和阀门有无损伤、变形和泄漏。检查压力传感器，连接应完好无损伤。检查所有电缆、接头、插头有无损伤、松动。电缆及接线盒内各线头应无老化、无破损，排列应整齐（见图6-12）。

图6-12

检查压缩机，吸排气口法兰应无损伤、无泄漏。检查压缩机安装座橡胶件及紧固螺栓，橡胶件和螺栓应无损伤和裂纹。检查压缩机接线端，应无烧损、无松动。

通过视油窗检查压缩机油位。油位应在视镜的1/2位置以上，2/3位置以下。检查制冷液视镜中心色柱，色柱呈紫色，腔内洁净。粉红色为制冷剂含水量过高；藏青色为制冷剂内污垢过多，需更换干燥过滤器。

十三、地板

检查地板的安装和外观，地板应牢固、平整、无破损，清洁无污垢。如不平整或有破损，应予以局部修补。

检查地板的覆盖层与地板黏结是否牢固,有无鼓泡、破损和明显划痕。全车允许鼓泡、破损的面积有一个百分比规定,超过这个百分比,按原整块揭掉后重新黏结。

十四、贯通道和折篷

拆下检查折篷是否完好无损,对其进行冲洗和修理。重新安装后,检查活动侧墙及其机构各件是否安装牢固、翻转灵活。

从车上拆下过渡板进行清洗,检查过渡板有无裂纹及严重磨损,磨耗条厚度小于2mm时必须更换。大修时过渡板基本磨耗到限,一般都进行更换处理。

十五、车体修理(油漆)

耐候钢制的车体每10年必须进行大修,也就是将车体蒙皮全部去掉,只剩钢架。车架进行抛丸除锈,检查结构是否有损伤、变形、裂纹,在必要的部位进行补焊和补强。

由于现在城市轨道车辆更多地采用铝合金型材制造车体,因此大修不一定需要对车体进行整修。但是油漆是必须的,因为洗车或乘客的不当行为经常造成油漆的损伤。

油漆一般在专用的油漆车间进行。首先要铲刮和磨去原来的油漆和底子,然后重复进行多次嵌刮腻子和打磨,使表面平整。喷漆后,自然阴干或加热烘干(见图6-13)。

图6-13

十六、列车调试

城市轨道车辆与铁路车辆的最大不同就是列车有固定编组,而不像铁路客车或货车没有动力,可任意编组。因此,架修或大修后的城市轨道车辆必须进行列车调试。调试分静态调试和动态调试。

(一)静态调试

静态调试(简称为静调)在静调线上进行。静调线上有接触网1500V直流电,下有检修地沟,还有登车顶的梯子,检查作业都很方便。静调主要内容如下:

(1)列车初始状态检查,检查所有开关、闸刀的位置。

(2)列车得电检查,检查供电是否正常,蓄电池电压测量。

(3)驾驶室得电检查,用司机钥匙打开主控制器。

(4) 人工升弓检查，用脚踏泵打气升弓。

(5) 驾驶室指示灯检查。

(6) 升弓、落弓检查，平时正常操作。

(7) 停车制动检查，驾驶室操作。

(8) 辅助逆变器电源应急启动试验。

(9) 通风风扇检查，所有设备的通风风扇无论大小都要检查。

(10) 客室照明检查。

(11) 列车照明检查，包括头灯、尾灯和运行灯。

(12) 列车车门联动试验，包括模拟故障试验。

(13) 牵引控制单元（TCU）静调，用便携式计算机发出模拟指令，检查输出响应（见图6-14）。

(14) 高速开关检查。

(15) 气路和压力表检查（2kg）。

(16) 制动压力检查（3kg）。

(17) 轮径设置。

(18) 校验北京时间。

图6-14

(二) 动态调试

动态调试（简称为动调）在试车线上进行。主要内容如下：

(1) 库内低速运行和制动试验。出静调线时先要低速运行，检查列车动作是否正常，驾驶室面板信号显示是否正常，各种指示灯显示是否正确。

(2) 车轮直径校正运行，速度低于28km/h。

(3) 慢行试验。速度为3km/h，用于洗车、碰钩和调车。

(4) 紧急牵引试验。检查全牵引工况。

(5) 常用制动试验。40km/h、60km/h和80km/h条件下的全常用制动。

(6) 快速制动试验。要求在20km/h、40km/h、60km/h和80km/h条件下，制动距离分别小于17m、65m、130m和190m。

(7) 紧急制动试验。要求在20km/h、40km/h、60km/h和80km/h条件下，制动距离分别小于17m、56m、120m和180m。

(8) 电制动失效制动试验。切除部分动车电制动，检查气制动补偿作用。

(9) 牵引特性试验。检查列车在全牵引、全制动运行下的工况。

(10) 后退试验。列车在两个方向运行试验。

第七章　城市轨道车辆维修设备

第一节　车辆维修设备的配置

古人云："工欲善其事，必先利其器"。城市轨道车辆的维修要达到高质量、高水平，仅有工艺保证还不够，还需要有设备保证。一个好的工艺过程要靠好的设备来配合，因此，一个优秀的企业必须拥有一套完整的、齐备的设施和设备，同时还应拥有运输、动力等辅助设备及仪器、仪表、工具等各种检测手段。

一、基本维修设施和设备

一个具有车辆维修能力的停车场或车辆修理工厂，必须具备以下基本维修设施和设备：

(1) 足够的维修线路（或维修股道），为方便车下和车上作业，应设置地沟和车顶作业平台。

(2) 各种检修车间和场地，其面积和高度要符合被检修对象的要求，如车体车间和大修车间应考虑架车高度（包括行车起吊高度）。

(3) 足够的电、水、压缩空气等动力源，供维修现场使用。

(4) 工程车，如内燃调机机车、蓄电池公路/铁路两用车等可对待修列车或单节车辆进行牵引运送。

(5) 清洗设备和污水处理设施，对车辆进行日常清洗和检修前的清洗。

(6) 起重运输设备，如行车、架车机和移车台等。

(7) 机械加工设备，如不落轮镟床、通用切削设备等。

(8) 检测试验设备，如探伤设备、电气试验设备和计量化验设备等。

其他还包括各种专用设备、非标设备和专用工装等。

二、维修设备配置原则

当然，对一个停车场的设备配置与一个车辆维修工厂肯定有所不同，这里有一个设备配置的原则问题。在设备配置中应考虑哪些原则呢，一般说来大致有以下几条。

(一) 按照检修需要进行配置的原则

每个停车场（车辆段）或修理工厂设计的检修功能是不一样的。有的停车场（车辆段）具有定修功能，有的只有日检和月检，因此它们配备的检修设备也必然不同。定修时需要架车，应配备架车机；但是，定修不对转向架进行分解，修理轮对和转向架的专用设备及试验装置就没有必要了。车辆修理工厂的检修级别最高，所以它的设备配置也应该最高，这是按需配置的原则所决定的。

(二) 自修委外结合的配置原则

即使是车辆修理工厂也并不是什么都自己修，样样设备都配置，即所谓的"大而全"、"小而全"。有的修理项目难度较高，维修设备比较专业，价格昂贵，自己加工数量不多，成本太高。如新车轮加工毂孔，需要深孔内圆磨床，自己买设备加工划不来，还是委外加工。这样的例子还很多，如车门驱动轮、防跳轮制造，有一定的技术要求，数量又不多，只能委外加工。委外加工还可以充分利用社会资源，减少建设项目投资，改变过去大量加工设备闲置的状况。因此，部分需委外加工的零部件加工设备不必配置。

(三) 按照环保要求配置的原则

有些修理项目在作业时有严重的噪声、震动，或者放出污染气体，或者排出大量污水。这些都是我国环保制度所不允许的。因此，这些项目的加工必须委外，送到有特殊环保处理能力的单位进行。少量由于特殊需要和条件限制，必须在车辆修理工厂进行加工的，则按环保要求配置设备，并配备相应的环保处理措施和设备。

按照上述原则，在满足各项修程需要的基础上，合理配置维修设备，可充分利用社会资源、减小投资规模、杜绝重复建设，为国家节约资金。

第二节　城市轨道车辆维修设备的分类

城市轨道车辆维修设备按性质以及对象和作业方式的不同可进行以下分类。

（1）根据设备的性质，可分为通用设备和专用设备。

通用设备包括：起重运输设备、机械加工设备、探伤设备、焊接设备、动力设备和计量化验设备。

专用设备包括：拆装设备、检测试验设备、专用切削设备、清洗设备、起重提升设备、救援设备、非标设备和专用工装。

（2）根据设备的工作对象和作业方式可分为六种：起重及平面移动设备、架车设备、轮对检修设备、转向架检修设备、电气试验设备和清洗设备。

现在，城市轨道交通引进了许多国外的先进车辆和维修设备，这些设备都是国内的空白点，但对车辆的维修起到了很关键的作用。因此，维修设备还可以分为国产设备和进口设备。

第三节　各级检修设备的配置

一、日常维修的设备配置

停车场（车辆段）一般只进行日检、月检，最高为定修。

一般有定修的停车场其配置的大型专用设备包括：不落轮镟床、地面（移动式）架车机和列车自动清洗机。

小型专用设备包括：列车蓄电池充放电设备、空调机组专用检测设备、空调机组抽真空充液设备、悬臂吊、列车运行在线检测装置（测量轴温及检测车体下悬挂物等）、各种专用测量仪器仪表和各种专用试验台。

通用设备包括：常用的车、钳、刨、铣等金切设备、动力设备以及场内调机车（轨道车和内燃机车）、蓄电池运输车和蓄电池（柴油）叉车等。

二、架修和大修的设备配置

根据架修和大修工艺的过程，配置的大型专用设备包括：地下固定式架车机、移车台、转向架升降台、转向架清洗机、构架测试台、构架翻转台、轮对压装机、车轮车床、轴径车磨床、整流子下刻及点焊机等。

小型专用设备包括：蓄电池公铁两用车、假台车、液压载重升降台、悬臂吊、轴承感应加热器、轴承清洗设备、套齿设备、空调冷媒充放设备、空调检修套装工具、空调焊接专用工具、车载碱性蓄电池的充放电设备和蓄电池拆装工装等。

专用试验设备包括：转向架试验台、一系（人字）弹簧试验台、减震器试验台、直流牵引电机试验台、交流牵引电机试验台、空压机电机试验台、空压机试验台、空气阀门试验台、转子检测动平衡机、电器部件综合试验台、功率电子试验台、逆变器试验台、空调机组试验机、受电弓试验台、车钩对接试验台、门控装置试验台、门控压力测试仪和车体称重装置等。

通用设备包括：折弯机、剪板机、冲剪机、弯管机、车床、磨床、刨床、铣床、镗床、压床、钻床、锻打设备、车轴探伤机、大型叉车、电机吹扫清洗设备、油漆工艺设备、动力设备以及内燃调车机车、蓄电池运输车和叉车等。

第四节　城市轨道车辆维修设备简介

由于城市轨道车辆维修设备发展很快，品种繁多，这里不可能一一介绍。在此只选取一部分比较新颖的、有特色的和有代表性的设备作一简单介绍。这里介绍的大部分是进口设备，对我国城市轨道车辆维修有一定的参考价值。

一、起重及平面移动设备

（一）悬臂吊

悬臂吊是列车顶部空调机组和受电弓等部件的专用起吊设备。因为列车在日检和月检时停放在检修线上，为了减少工程车对列车的调车作业，检修线上一般都设有接触网，列车进出检修线都靠自身动力。然而接触网的存在使车顶部件的起吊产生困难，因为一般行车的吊钩将碰到接触网。悬臂吊正是为解决这个问题而设计的。悬臂吊实际上是一种附加在一般行车上的一种特殊小吊车，小吊车的动臂能深入到接触网下（与触网的垂直绝对距离不小于200mm）直接吊起车顶部件，然后在行车横梁上移出车顶，再下降送至地面。为安全起见，悬臂吊电源与接触网供电之间有连锁，两者不得同时有电，确保悬臂吊使用时触网无电。悬臂吊的吊钩电机和动臂电机均为双速，启动平稳。悬臂吊动力电源采用内藏式安全滑触线。悬臂吊工作时，有声光报警装置警示有关人员，确保作业安全。悬臂吊外形如图7-1所示，

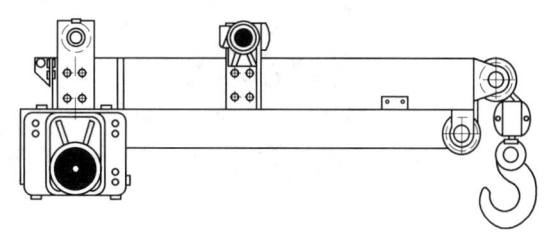

图7-1

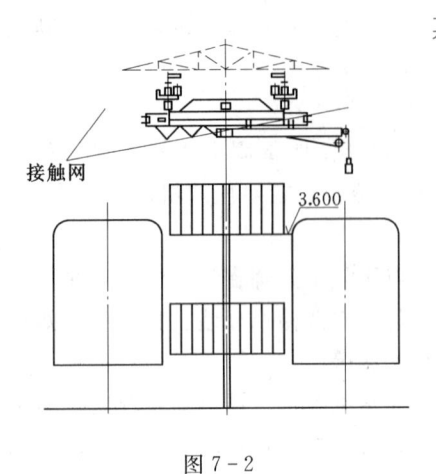

其起吊示意图如图 7-2 所示。

悬臂吊的主要技术参数如下：

起吊重量：1000kg；

起吊高度：7m；

动臂伸缩距离：1200mm；

自重：425kg；

电动机功率：2.5kW；

制动方式：碟刹；

控制电压：220V；

操作方式：地面操作。

（二）移车台

图 7-2

移车台是一种大型的平面运送车辆的设备，如图 7-3 和图 7-4 所示。它可以把整节车辆运到它所运行范围内两侧的任意一条检修线上。移车台的两侧端头是被运送车辆的出入口，每端各有一块带导轨的活动连接板，该活动连接板充当移车台与检修线的连接桥梁。连接板由液压系统控制，在移车台运行时收起，移车台停止时放下。经过轨道与轨道的自动对位，可与移车台运行范围以内两侧所有的检修线轨道相连。活动连接板上的导轨与检修线轨道同轨距、同水平面，因此可以方便地将被运送的车辆推进或移出移车台，从而达到移动车辆的目的。移车台两端分设互相连锁的驾驶室，可双向操作。

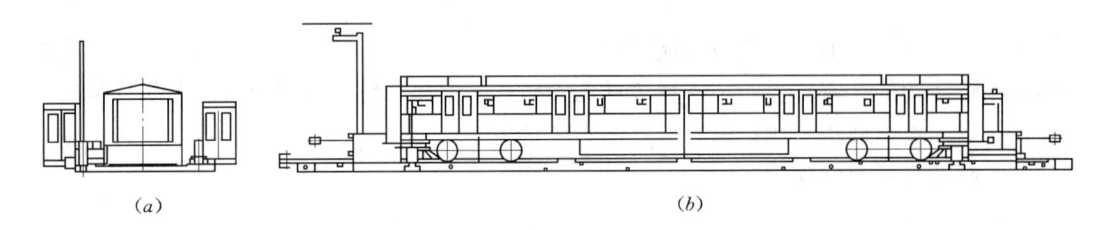

(a)　　　(b)

图 7-3

图 7-4

第四节　城市轨道车辆维修设备简介

移车台有它独特的设计特点。为了确保大跨距台架移动时不扭曲，移车台采用四台无级变速的直流电机同步驱动。由于大跨距的台架要考虑热胀冷缩效应，台底两侧的车轮被设计成不同的形式：一侧车轮为双法兰边（固定端），另一侧为无法兰边（自由端），保证台架长度可以自由伸缩而不卡轨。移车台采用两重制动：四台直流电机自带制动器和四个液压系统控制的制动盘同时作用，因此制动平稳、停位精确。移车台安全保护装置齐全，移动时带闪光报警；设有双向驾驶室，操作方便灵活；故障时显示故障代码，能快速找到故障点。

移车台的主要技术参数如下：

轨距：1435mm；

承载重量：42000kg；

承载长度：25500mm；

移动速度：60mm/min；

自长：28500mm。

（三）公铁两用蓄电池牵引车

公铁两用蓄电池牵引车是一种既能在轨道上又能在平地上行走的两用牵引车。它以高性能蓄电池为动力，前端装有自动车钩，适用于车辆段内及检修车间室内的牵引调车作业。该车的公路/铁路运行方式的转换由液压系统升降铁路车轮安装架来进行。安装架提升时为公路运行，三个车辆落地，回转半径小，能在有限的空间进行转弯；安装架放下时为铁路运行，四个车辆在轨道上行走。上下轨道十分容易，有很高的车辆机动性。该车牵引吨位为120t，最多可拖动三节编组的电动客车单元。由于该牵引车体积小，牵引方便灵活，可牵引一节车上移车台或在车间任何地方牵引车辆移动（见图7-5和图7-6）。

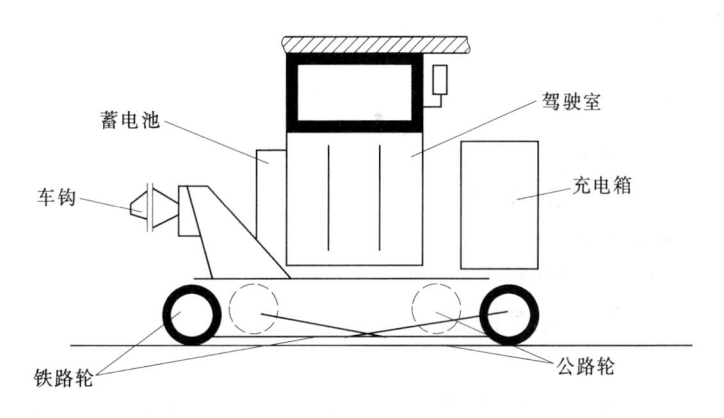

图 7-5

前段除了装有自动车钩，还配置了牵引连接杆，能灵活地与各种车辆进行连接，简单可靠，是一种城市轨道车辆检修作业的理想牵引设备。

公铁两用蓄电池牵引车的特点是：牵引力大，120t 负载下（三节电客列车）可连续工作 2h；公路/铁路模式转换方便可靠；采用直流电动机驱动，可无级调速，启动平稳；自动挂钩、脱钩操作简单，工作效率高；蓄电池箱整体移动由液压系统操作，省力方便；采用电机和轮毂双制动系统，制动距离短，停车正确（慢速驱动模式下，120t 牵引负载

图 7-6

的制动距离不大于 50mm)。

牵引车报警系统完整,有闪光警示、喇叭、手动脚踏双重制动等数十种安全措施。还有故障显示,电能消耗显示等。牵引车自带自动充电装置和蓄电池容量显示装置。可实现远程无线遥控(仅铁路牵引工况)。

牵引车主要性能参数如下:

轨距:1435mm;

牵引吨位:120t;

运行速度:

 铁路重载 2km/h,

 铁路空载 3km/h,

 公路空载 11km/h;

车钩:

 自动车钩高度 720mm,

 自动车钩高度上偏值 5°,

 自动车钩高度左右偏差值 ±15°;

牵引连接杆长度:2500mm;

蓄电池容量(型号:5PZS):480V/600AH;

充电时间:在 80% 的放电条件下约为 7h;

运行距离:

 空载时不小于 6km,

 负载时不小于 3km;

转弯半径(公路):2550mm;

装机功率:20kW。

除了上述形式的公铁两用蓄电池牵引车外,现在又出现另一种形式的公铁两用蓄电池牵引车(见图 7-7)。这种特殊设计的手扶两用牵引车,是一种既能在轨道上运行,又能在平地上运行的牵引车。该车也采用高性能的蓄电池电源驱动,适用于检修车间内的牵引调车作业。

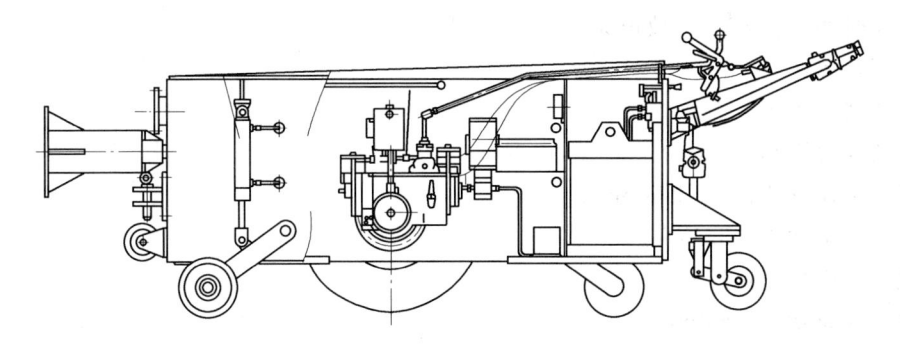

第四节 城市轨道车辆维修设备简介

图 7-7

该车的牵引性能、转换运行方式和车辆连挂方式等都与上述公铁两用蓄电池牵引车完全一样，只是操作人员不能坐在车上，只能站在车后，用手扶着操纵杆控制牵引车前进或后退（见图 7-8）。如果是在轨道上运行，操作人员还可以远距离有线操纵。该牵引车的特点是牵引力大，达 320t。由于驱动为大橡胶轮胎，车上蓄电池分量又重，车轮与轨道或地面之间有较高的粘着系数，因此可产生较大的牵引力。

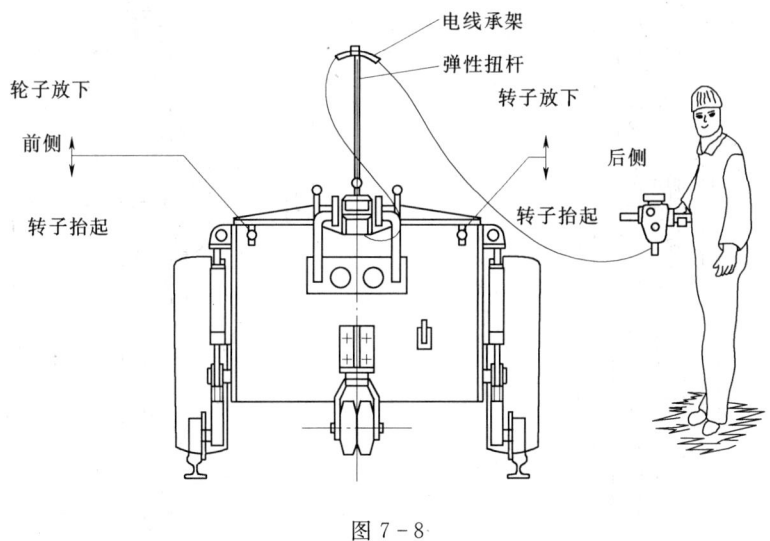

图 7-8

手扶式公铁两用蓄电池牵引车的主要技术参数如下：

运行速度：
  公路空载：5km/h，
  铁路空载：3km/h，
  铁路重载（分三级）：第一级 0.61km/h、第二级 1.15km/h、第三级 2.46km/h；

车钩：
  自动车钩高度 720mm、上偏值 5mm，
  自动车钩高度左右偏差值 ±15°；

牵引连接杆长度：2500mm；

蓄电池容量（型号：4P2S320）：240V/320AH；

充电时间：在80%的放电条件下约为7h；

运行距离：

  空载时不小于6km，

  负载时不小于3km；

转弯半径（公路）：2550mm；

牵引电机功率：3.5kW；

液压电机功率：1.5kW；

最大加速功率：650m/s^2。

二、架车设备

（一）地面式架车机

地面式架车机可同步架起三节以下不解钩的列车编组单元，由操作控制台对整个架车机组的升降进行控制。地面式架车可分为固定式和移动式两种。图7-9所示为移动式地面架车机。

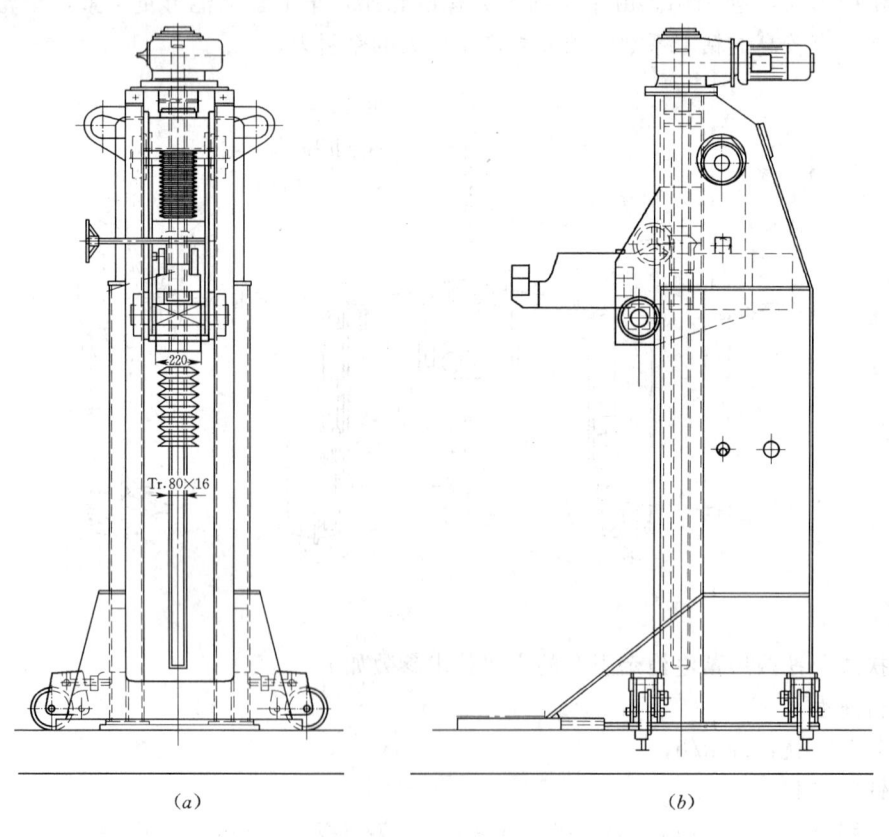

图7-9 移动式地面架车机
(a) 正视图；(b) 侧视图

移动式架车机每台机座下有一套弹簧小轮装置。架车机无负载时，整台架车机可通过小轮在与列车平行的辅助轨道上移动，随意定位。架车机定位后承载负荷，负荷克服弹簧力将机座底落在地平面上，架车机就不能再移动。另有一种设计，采用手动液压装置和四

第四节 城市轨道车辆维修设备简介

个小轮,液压系统将小轮压出后,架车机可移动;液压系统释放压力,小轮复位不承受载荷,架车机就落地承载,不能移动。

该架车机的特点是架车机组合可任意选择。既可架一节车(四台架车机联动),也可架两节车(八台架车机联动)或三节车(十二台架车机联动)。图7-10所示为十二台架车机联动接线图。

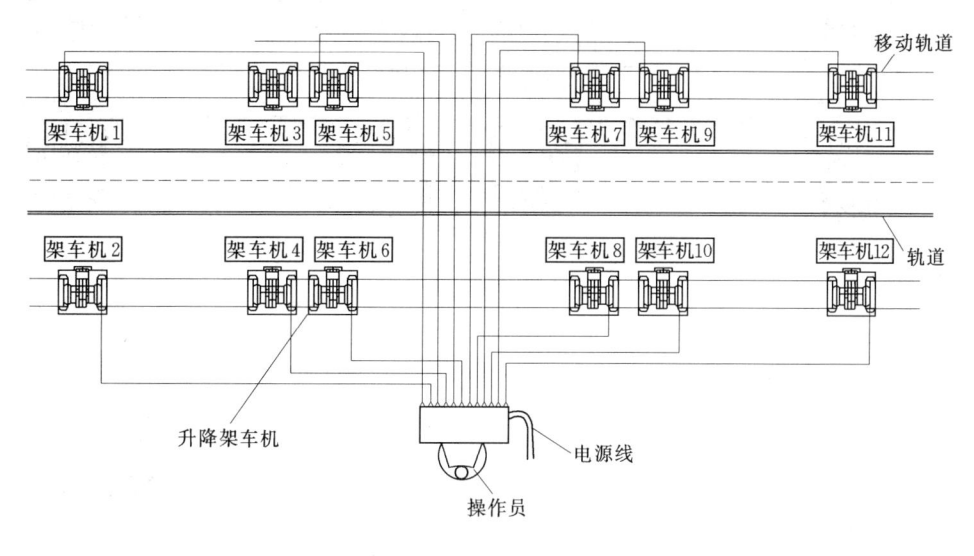

图 7-10

架车机组同步提升误差非常小,联动架车时,单台之间的误差范围在±4mm之间。它的安全保护装置完整齐全,每台架车机上均有紧急停止按钮,联动时按下任何一个紧急按钮,能让所有架车机停止工作。架车机设计了一种安全螺母,一旦升降螺母失效,安全螺母可替代承载。该机有良好的电气保护装置,有六组限位开关和螺母松动磨损检测开关;有负载过流保护;操作控制台能显示机组的故障信息。图7-11为架车时情景。

架车机主要技术参数如下:

轨距:1435mm;

提升高度:700～2200mm;

有效提升高度:1500mm;

提升速度:400mm/min;

12台架车机总提升能力:132t;

机组同步误差:±4mm;

单机功率:3kW;

提升臂水平最大伸出距离:1000mm。

(二)地下式架车机

地下式架车机由若干个独立的架车单元所组成;每个独立的架车单元由四个车体升降柱和四

图 7-11

第七章 城市轨道车辆维修设备

个轮对升降托所组成。每个独立架车单元能架起一节车，一组地下式架车机一般有三个架车单元，因此能同步架起最多三节车的列车编组单元。图 7-12 所示为两组独立架车单元组成的地下式架车机组。图 7-13 所示为车体升降柱，图 7-14 所示为转向架升降托。

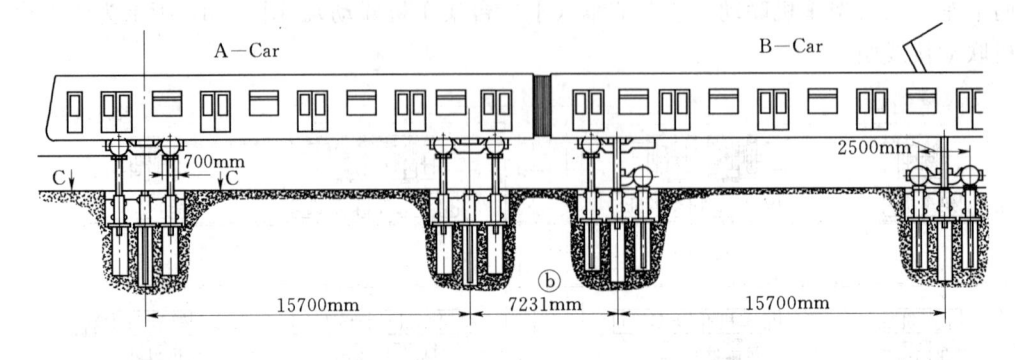

图 7-12

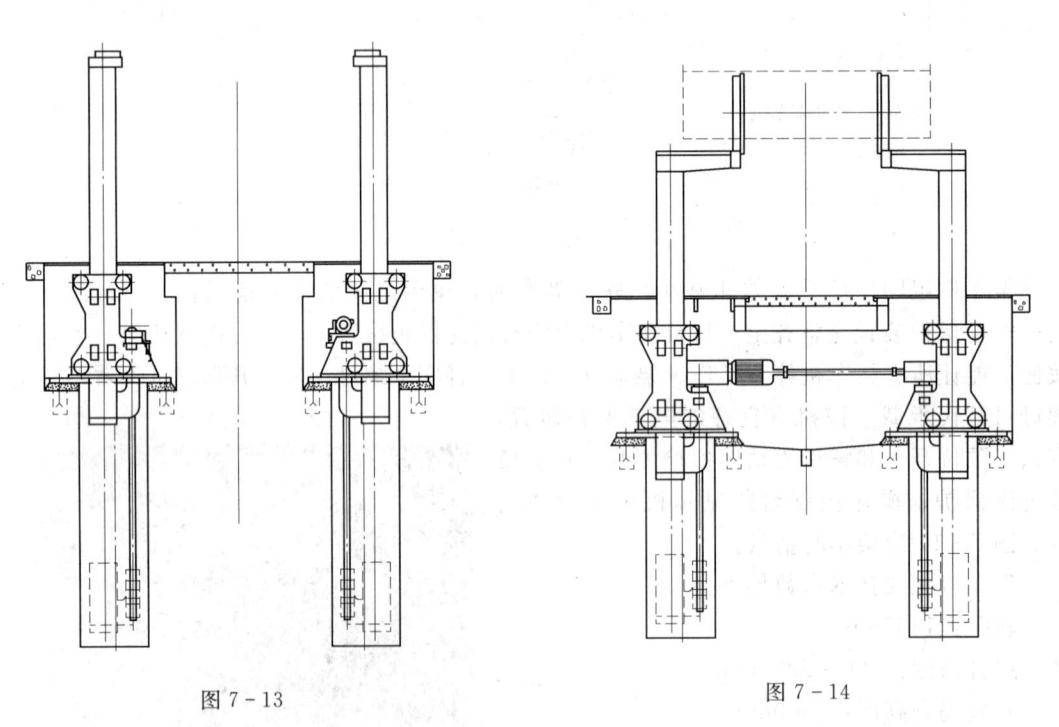

图 7-13

图 7-14

地下式架车机不工作时，机组收起藏在地下，因此平时在架车场地看不见架车机。轨道嵌入地面，轨面与架车场地平。架车作业时，由转向架升降托将车辆连同转向架一起升高；然后车体升降柱伸出地面，升高至车体底平后支撑住车体；拆去转向架底部中心螺母；转向架升降托下降，转向架随着升降托落在轨道上，转向架就可以从车底推出。这是落转向架的一般程序。安装转向架程序相反，转向架先由升降托托升至车底，装上中心螺母，车体由升降柱和转向架同时支撑。降下车体升降柱，然后再降下转向架升降托，这时车体连同转向架一起随升降托下降，最后落在轨道上（见图7-15）。

地下式架车机不仅能升高和降落车辆或车体，升高或降落转向架，还能任意落下某个

第四节　城市轨道车辆维修设备简介

轮对，方法与落转向架类似，这对于临修来说是极为方便的。地下架车机与铲车，液压升降台等配合，能对车体下的所有部件进行拆卸和安装。除了转向架、轮对、中心销、牵引拉杆、横向减震器、抗侧滚钮杆等的拆装，以及空压机总成、电阻箱、垂直减震器、ATC机架等拆装都必须架车后进行。

操作控制台能设定独立架车单元数，每个架车单元可架一节车。作业时分别选定一个单元（一节车），还是两个单元（二节车）或三个单元（三节车）。图 7 - 16 所示为一次架起三节车的情景。

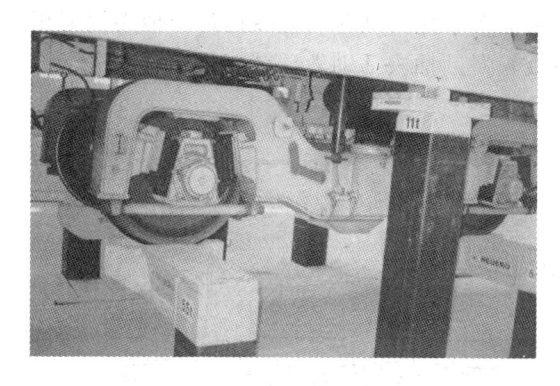

图 7 - 15　　　　　　　　　　　图 7 - 16

地下架车机的特点是架车功能强，安全性高。工人可以直接站在地平面上进行车底下和车体两侧的作业，而地面架车机的有些作业必须在地沟里进行。

该设备操作简单，安全保护装置齐全：有能承载 200kg 的防护钢板覆盖作业场地；有升降柱和升降托安全距离自停功能（即在下降到距地面 400mm 时，该设备会自动停止，让现场工作人员确认升降柱或托下无任何人体和工具后，再次启动使设备下降）。

地下架车机的设计构思巧妙，将设备安装在地下，不作业时地面无障碍物，对车间的景观起到美化作用。此外，使辅助工程车辆的运输或作业也很方便。

该设备的电气保护装置考虑也很周全。每台架车机都设有限位开关、负载开关和螺母磨损/断裂限位开关等，确保架车机安全可靠。架车时，任何一个安全装置的动作将导致系统主电路被断开。为了防止操作人员的误动作，该设备在无负载情况下不会动作，只有当所有升降柱、托的负载传感器有负载信号后，架车机才会按指令动作，有效地保证了架车的安全性。此外，架车机具有故障显示功能，能提供各种设备故障信息。

地下式架车机的主要技术参数如下：

轨距：1435mm；

转向架升降托垂直提升高度：0～1600mm；

车体升降柱垂直提升高度：0～2400mm；

提升速度：405mm/min；

每个独立架车单元的提升能力：≥210kN；

每个升降柱的支撑力：≥110kN；

相邻架车单元的高度偏差：±6mm；

总架车机组内的高度偏差：±12mm；

每单元四个车体升降柱的高度偏差：±4mm；

每组转向架升降托电机功率：2×4kW；

每对车体升降柱提升速度：600mm/min，电机功率：1.1kW。

三、轮对检修设备

（一）不落轮镟床

不落轮镟床用于电动列车在整列编组不解体的情况下，对车轮轮缘和踏面进行数据测量和修理加工，恢复车轮踏面的正常形状。

该设备最大特点是镟床安装在轨道之下，需镟削车轮的列车可直接通过与地面轨道相连的活动道轨驶上镟床，由镟床的托轮托住被镟轮对，抽去活动轨，就能驱动轮对进行测量和镟削了（见图7-17）。

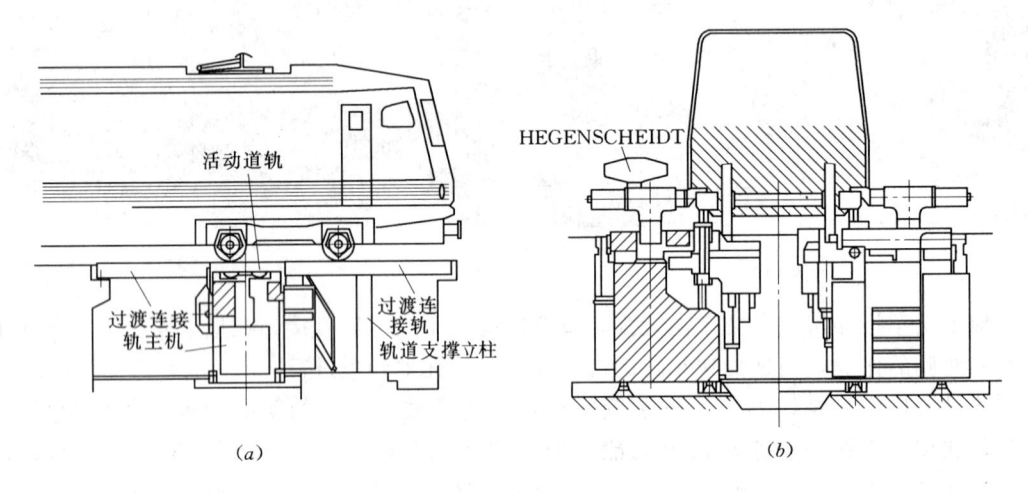

图7-17

不落轮镟床有数控型和液压仿型两种形式，但多数为数控型。上海地铁的两台数控型不落轮镟床采用西门子公司专门设计的全数字化840型系统，将CNC和驱动控制集成在一起，可完成CNC连续轨迹控制及内部集成PLC控制，测量和切削精度高。切削系统电机采用变频调速，切削速度可无级调节，切削过程平稳（见图7-18）。

通过更换机床两侧定位爪的加压形式，可对不同类型轴箱进行定位加压，使各种轴箱形式的转向架列车都能在该镟床上进行轮对的镟削。

在镟床的控制计算机内储存了各种车轮踏面曲线，因此能对车轮的镟削进行标准型和经济型等多种镟削方案的选择。

镟床还具有其他功能，如车轮轮廓形状的测量、车轮直径的测量、车轮轮廓的镟削加工、各种车轮轮廓形状曲线的编程、设备故障检测和查询、镟床调整装置的校正、各种测量数据打印和记录存储功能、镟床切削时的自动断屑功能、镟床切削时的防滑功能（在切削时打滑或卡死时能自动退刀和停机）、完善的防误操作系统以及故障的自动诊断和报警显示功能等。

被镟轮的列车是在落弓断电的状况下进入镟床的，因此整个镟轮过程中需要由外力来将列车前后移动，依次对轮对进行镟削。移动列车的设备有牵引小车和卷扬机两种形式，

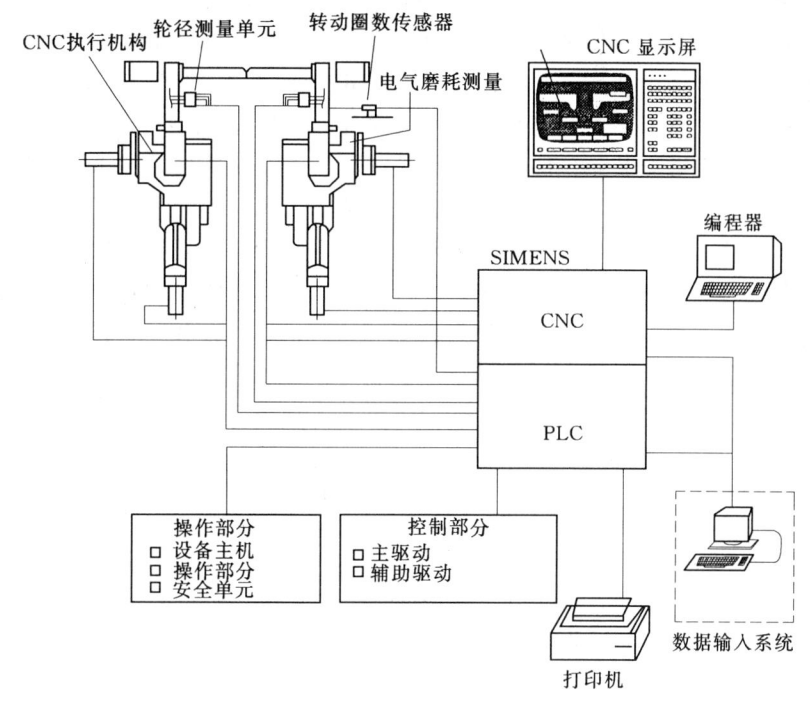

图 7-18

一般采用卷扬机的居多。

安装镟床的车间设有与触网的连锁装置，因为镟轮库里都架设触网，以便镟轮结束后让列车自行离开。因触网系统以轨道作为回流线，镟床的活动连接轨与轨道相连时，可能将触网的高压引入镟床，对镟床及操作人员非常危险，所以必须有触网与镟床的连锁保护装置。

不落轮镟床主要技术参数如下：

轮对内侧距：1356mm；

轮对轴长范围：1620～2500mm；

轮对直径加工范围（踏面直径）：600～1300mm；

常用加工范围：ϕ770～840mm；

踏面宽度：120～145mm；

标准宽度：127mm/135mm；

最大轴负重：250kN；

车辆轴负重：85～100kN；

电机转速：无级调速；

主轴转速范围：21～62.5r/min；

进给量范围：0.5～2r/min；

刀架快速移动速度：2000mm/min；

机床生产率：8～10轮对/班。

（二）轮对压装机

轮对压装机用于车轮和车轴在设定压力下装配成轮对（压轮），或将轮对分解成车轮和车轴（退轮）。压装时，车轴放置在一个可升降和旋转的托架上，车轮吊在压装机的可移动止挡台前。车轴与车轮压装的一端对准车轮毂孔，另一端对准压装机的勾贝。液压系统将勾贝推出，在车轴上加压，托架随车轴向车轮方向移动。车轴进入毂孔后，由于是过盈配合，所以摩擦力越来越大，勾贝加压也逐渐增加，压装曲线（位移-压力曲线）呈一条平滑的斜线。当车轴压装到位时，压装机停止，检查压装曲线是否平滑、连续；车轴移动距离是否正确；最大压力是否低于或高于设计要求。满足上述要求，压装成功，否则轴与孔的配合有问题，压装失败。在压装轮对的第二个车轮时，还要对轮对内侧距定位，即要保证两个车轮之间的内侧距符合规定标准。过去由人工控制，现在一般轮对压装机都配有光栅内侧距自动定位装置，可自动停车控制。压装机还配备各种直径的止挡块，可对不同的车轮进行固定，压力曲线都能自动记录。轮对压装示意图如图7-19所示。

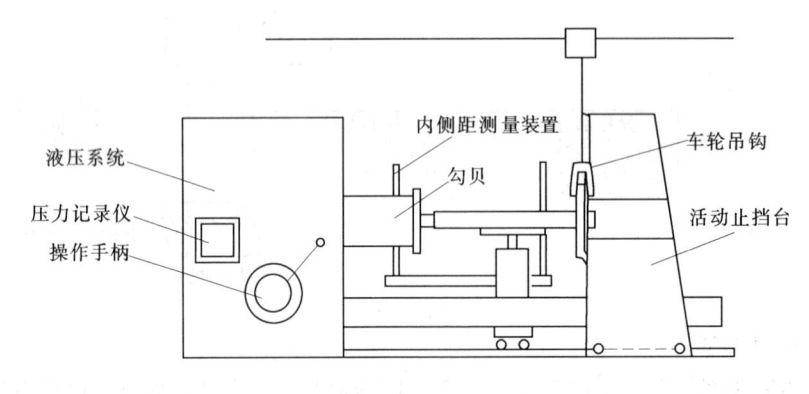

图 7-19

轮对压装机的主要特点如下：

（1）配有独立的轮对内侧距测量装置，轮对内侧距压装距离可自动定位；并且通过对轮对内侧距压装距离预置值，在压装过程中，该装置能控制勾贝的压装速度，当到达预置值之前大约10mm处，压装速度由19mm/s改为5mm/s。并在预置的内侧距处自动停止压装。可根据需要预置内侧距值，该装置最多能预置和存储99个内侧距数值。

（2）压装过程自动记录，能自动连续记录压装过程中压力的变化值，压装结束显示和打印压装曲线。

起重装置具有双速（快速或慢速）起吊功能，使车轴和车轮的起吊和定位都十分方便、准确。压装机还配备各式止挡块，可方便地进行轮对的压装和拆卸。图7-20为压装带齿轮箱一侧的车轮的情景。

轮对压装机的主要技术参数如下：
标准压装基准值：1358mm；
压力：0～5000kN；
最大压装行程：600mm；

图 7-20

勾贝最大推进速度：19mm/s；
勾贝最大返回速度：65mm/s；
水平工件间距：800～3200mm；
压装精度：1358^{+1}_{-0}mm。

四、转向架检修设备

（一）转向架清洗机

转向架清洗机用于修理转向架前的清洗。该清洗机为全封闭形式，主要由全封闭清洗室、蒸汽加热和冷凝系统、高压喷淋系统、污水处理系统、清洗控制系统等部分组成。

转向架从列车上拆下后进行分解，一般分成轮对、构架、轴箱、齿轮箱等，轮对、构架即送入转向架清洗机清洗。对轮对和构架之类严重油污的部件进行清洗，必须使用高压热水和重碱之类的去污剂。转向架清洗机全封闭的清洗室内，上下左右各个方向装置了几十个高压喷嘴，有的喷嘴安装在可移动的管架上，可作来回喷射。被清洗的轮对、构架放入后，不必移动或翻身，各种部位都可以洗到。喷射的压力水由蒸汽加热，温度为20～80℃。热水中还加入碱，因此循环水泵和水箱都用不锈钢制成。清洗结束打开封闭室门前，必须消除室内蒸汽，否则释放到车间会造成烟雾弥漫。启动清洗机顶上的冷凝风机，它将蒸汽吸入迷宫冷凝筒里，经冷却成为冷凝水，仍旧滴入水箱中。混入碱水的油污由专门的去油污机处理，可定期将干化的油污从储存处取出。图7-21为清洗机示意图，图7-22为清洗前的情况。

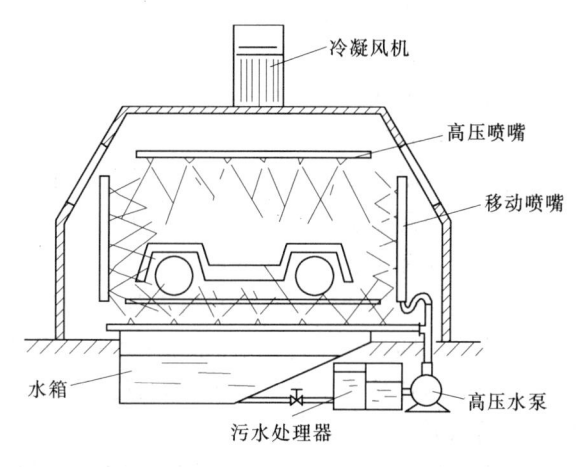

图7-21

图7-22

该清洗机的特点是有完整的清洗工艺：高压清洗去污、漂洗、风干，工艺过程完整连续自动，并且能根据被清洗对象上油污程度设定冲洗、漂洗和干燥的时间；可进行水温调节；有专门的污水处理系统对污水进行处理回用；清洗喷嘴移动喷射，动态清洗无死角。

转向架清洗机的主要技术参数如下：

耗水量：200L/循环；

水压：2bar；

压缩空气：6bar；

蒸汽（饱和干燥蒸汽）：6bar；

蒸汽进口温度：152℃；

蒸汽最大耗量：1700kg/h；

冷凝水最大回用量：1700L（80～90℃）；

通风量：2×9500m³/h；

温度调节形式：自动/手动。

（二）转向架升降台

转向架升降台用于将转向架架起在不同的高度，以便对其进行检查和修理。

该设备采用变速箱带动提升丝杆机构，丝杆为自锁螺纹，安全可靠。通常升降台安装在转向架拆卸和组装流水线上，每处一台。与地下式架车机相似，升降台不用时，降至地下，因而在作业场地看不见，只有升降台的四个托轮块与轨面齐平。转向架可以通过轨道推入升降台，四个车轮与四块托轮块对准。升降台升起时，托轮块上的止挡自动锁定车轮，转向架由托轮块举托，随提升丝杆提升而上升，提升高度由操作者任意控制。升降台的机械结构如图7-23所示。

该设备的特点是四根丝杆提升速度完全同步，因为四台涡轮蜗杆机采用一台电机驱动。电机双头出轴，再通过双头减速箱连接，同时驱动四根丝杆，同步绝对一致。升降台上部空间大，检修被托举的转向架时操作无障碍。图7-24为转向架被托举时的情景。

升降台的电气保护装置齐全，共有四种限位开关（工作限位、极限限位、螺母松动检测开关、螺母磨损检测开关）组成升降台保护系统。其他还有电机过流保护和负载过流保护等。

转向架升降台的主要技术参数如下：

轨距：1435mm；

提升能力：8500kg；

提升高度：1600mm；

提升速度：700mm/min；

电机功率：24kW；

电压：50Hz/380V；

控制电压：220V。

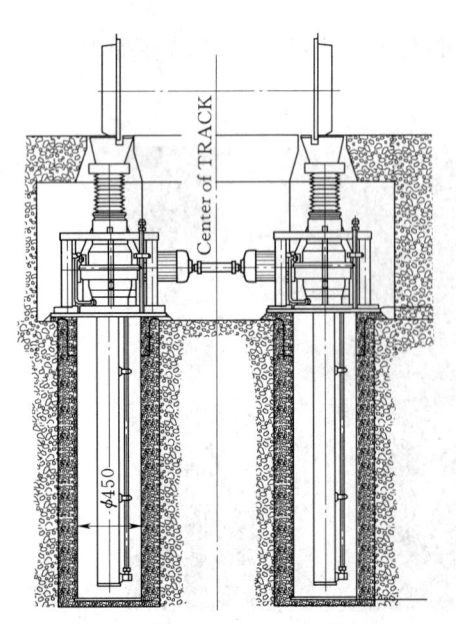

图7-23

第四节　城市轨道车辆维修设备简介

（三）转向架试验台

转向架试验台用于转向架检修后的静态模拟载荷测试。转向架架修或大修后，由于零配件基本更换，基本参数改变，在重新装车之前必须进行测试。

该试验台主要是对被测转向架进行加载荷试验，检查转向架加载后各个车轮分担的载荷，以及构架受力后变形的情况。

试验台通过两个液压缸对转向架二系悬挂处进行加载，转向架和轮对的各种数据经传感器、放大器、A/D转换送入微机处理系统计算。最后显示转向架的静态自重和各个车轮的分重，加载前后转向架的交叉度和平行度，并对转向架变形和承载情况做出判别。试验台的结构示意图及进行测试情况如图7-25和图7-26所示。

图7-24

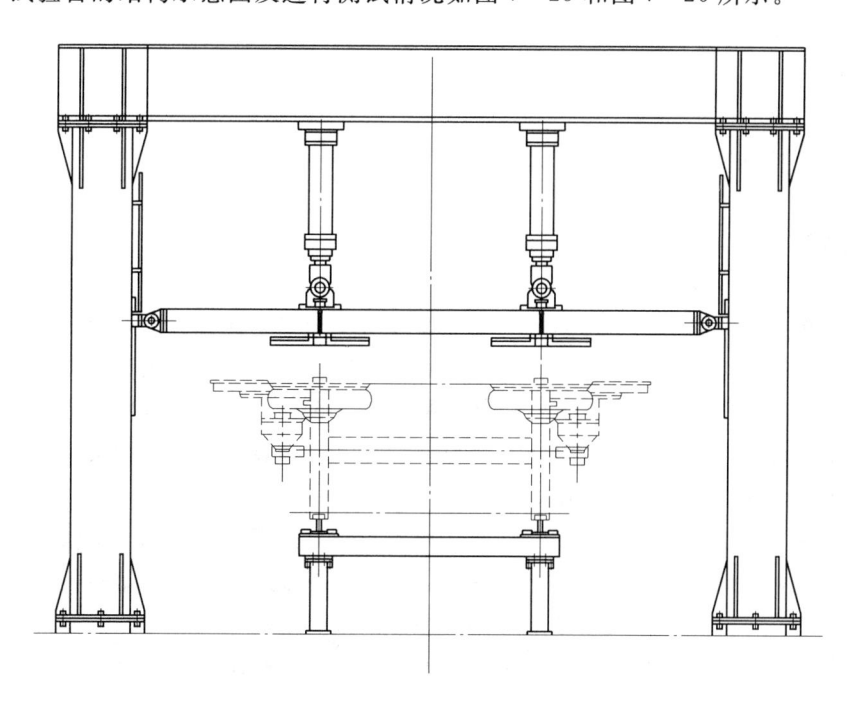

图7-25

试验台的主要功能有：可设定加载量；可测量动车转向架或拖车转向架的静态自重以及每个车轮的轮重；可测量加载前转向架的几何尺寸（平行度和交叉度）以及不同负载下的构架变形；对测量的数据结果存盘、打印、查询。试验台操作简便，计算机界面直观，人机对话按命令操作。

转向架试验台的主要技术参数如下：

液压系统最大加载力：≤200kN；

图 7-26

液压缸横向移动范围（距中心）：400～1000mm；
负载测量有效范围：200kN；
最大可测轮子负载：100kN；
最大可测轴负载：170kN；
被测转向架轴距变化范围：±50 mm；
环境温度：10～45℃；
空气湿度：60%～80%。

（四）一系弹簧试验台

一系弹簧试验台能对人字形橡胶金属弹簧（又称为一系弹簧）进行载荷时形变、刚度的测试。测试结果可作为一系弹簧使用极限的判断依据，或作为一系弹簧配对的参考。

该试验台由传感器、计算机、液压和机械机构三大部分组成，分别完成一系弹簧的加载前后几何形状的变化测量，测量数据的传递、放大、计算以及液压加载。设备还配有两台专用打印机，可打印数据和测试标签。

试验台的主要功能是对不同的（动车和拖车）一系弹簧进行不同的加载，然后测试它们的刚度曲线和几何尺寸，测试结果存储在计算机中。如果一系弹簧重新使用，将根据它们的刚度特性，在计算机存储的结果中选出性能上最相近的一组（两只、四只或八只）进行配对使用。一系弹簧试验示意图及试验情景如图 7-27 和图 7-28 所示。

一系弹簧试验台的主要技术参数如下：
加载压力：30kN；
预加载压力：45kN；
测试环境温度（被测一系弹簧保留一天的温度）：20℃；
操作环境温度：10～45℃；
操作环境湿度：60%～85%；
电源：380V/50Hz；
功率：2kW。

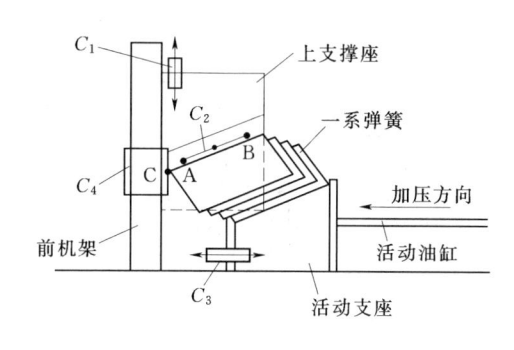

图 7-27

图 7-28

(五) 减震器试验台

减震器试验台是对转向架上横向和垂向液压减震器进行综合性能测试的装置。试验台装有可调节的旋转臂，根据被测对象的不同（横向或垂向液压减震器）可设定不同的测试项目。试验过程由计算机控制，屏幕显示液压减震器试验时的负载曲线，试验结果可以打印和保存（见图 7-29）。

试验台的最主要的功能是对横向减震器和垂向减震器进行最多八种速度的拉伸或压缩的试验，并将运动轨迹记录和显示出来。

它的主要技术参数如下：

最大测试加载力：25kN；

行程（连续调节范围）：0~130mm；

测试速度（八挡）：25、50、84、168、100、200、0.65、20r/min；

电源：380V/50Hz；

功率：7.8kW。

五、电气试验设备

交流牵引电机试验台用于交流牵引电机架大修后的测试。测试的主要项目包括：电机线圈绕组的阻值、电机绝缘性能、耐压、振动等（见图 7-30）。

该试验台分为两个区域，即操作控制区和高压测试隔离区。

试验台的测试加载量可设定；测试数据可存储、打印、查询；可进行远程有限故障的诊断和排故，以及参数修改和设置等；可对新电机或修复电机进行综合性能测试。

主要技术参数如下：

定子阻值测量范围：160~190mΩ；

高压测量：修复电机 3450V，新电机 4500V；

绝缘电阻测量：≥10MΩ；

振动测量（I_{max}<100MA）振动值：

 1800r/h、<2.8mm/s，

 2700r/h、<4.5mm/s，

 3600r/h、<6.75mm/s；

电源：380V/500VDC/4500VAC；

操作系统：WINDOWS 操作系统。

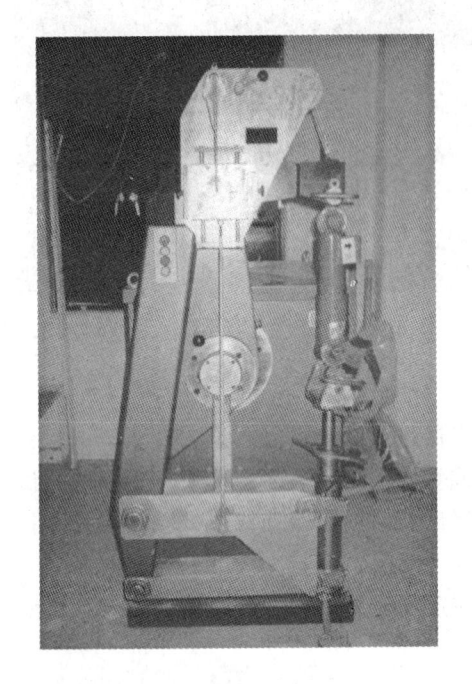

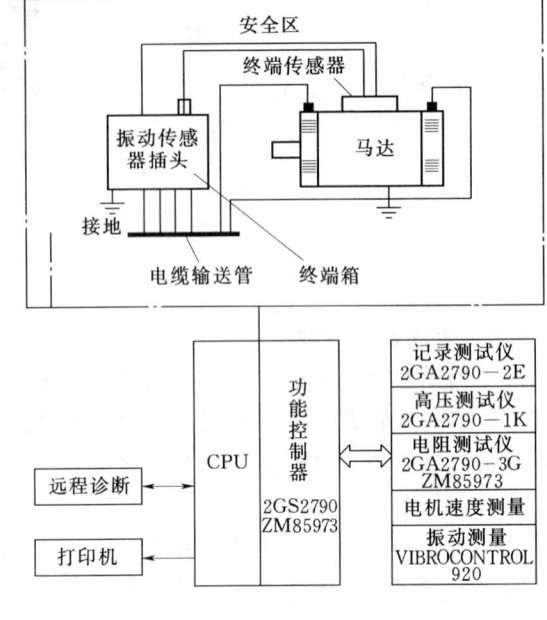

图 7-29

图 7-30

六、列车清洗机

列车清洗机是日常对列车车体进行清洗的设备。

清洗机一般分为移动式和固定式两种。移动式清洗机的特点是，被洗列车不动，清洗设备在列车两侧一边移动，一边对列车进行喷、刷、冲、过等清洗程序。固定式清洗机的特点是，清洗设备不动，被洗列车移动。列车在移动过程中，经过清洗机的预湿喷淋、车头刷、侧墙滚刷、漂洗刷、过洗喷淋、总洗喷淋和车尾刷，完成一次清洗。移动式要求清洗线路长度较短，只要一个列车长度；但设备要移动，水管连接很困难，因此造价很高。固定式要求清洗线路较长，至少两个列车长度；但是设备固定，造价要低得多。所以，只有编组很短的城市轨道车辆，如三节以下的有轨电车，才选用移动式清洗机；其他城市轨道车辆、地铁、高速列车等都采用固定式清洗设备。列车清洗机如图 7-31 所示。

在使用固定式列车清洗机时，被洗列车的移动有两种方式：一种方式是列车自己驱动，用慢行速度（3km/h）通过清洗机，由于清洗区域有一段为无电区，因此受电弓经常要拉弧；另一种方式是列车由某种牵引设备（蓄电池牵引车或钢丝绳卷扬机）牵引着通过清洗机，这样比较安全。如果由卷扬机牵引，那么整个清洗过程可以由微机来控制，这就是全自动列车清洗机了。

列车清洗方式有纯清水洗和化学洗两种。化学洗在清洗过程中加入了化学清洗剂，而化学清洗剂需要根据车体材料和油漆特性来选择。

清洗机还必须有水处理系统，因为清洗列车的污水不能直接排放，特别是加了清洗剂的化学洗废水。水处理系统由集水槽、回用水池、沉淀池、过滤网、循环水池和排污管（废水处理管）等组成，污水在其中进行循环处理。经过处理后的水还可以重复使用，这对于节约水资源也是很有意义的。

清洗用的滚刷是用尼龙丝制造的,转动时受离心力作用成圆柱形。滚刷和车体表面的接触压力与旋转速度不仅对清洗效果大有影响,而且关系到是否会造成对车体油漆的损伤。所以要经常检查滚刷的状态,及时修理机械故障和更换刷子。车辆各个部位形状不同,因此清洗用的刷子也应不同。一般洗车头有横向滚刷(见图7-32),洗侧墙用竖立的滚刷(见图7-33),洗裙边用短的滚刷等。

清洗机设计有保温防冰排水装置,在冬季气温低于0℃以下时,水管能自动排干剩水。并用压缩空气吹干管子内部,防止剩水结冰胀裂水管。除此之外,它还具有全方位状态检测和保护功能。其主要功能如下:

(1) 所有水箱、水池的液位检测。
(2) 化学清洗剂储量箱液位检测。
(3) 列车位置红外线检测。
(4) 清洗毛刷位置检测。
(5) 压缩空气压力检测。
(6) 各类状态声光警示。
(7) 紧急按钮。
(8) 与供电触网的连锁。
(9) 各类水泵、电机过载保护显示。

列车清洗机的主要技术参数如下:

清洗时列车运行速度:3km;
工作时间:全天候连续工作;
供水水源:城市地方水;
供电电压:AC280V/380V;
供气(压缩空气)压力:0.6MPa;
供气(压缩空气)量:25nm^3/h;
每班清洗列车数(8h):24列;
每列车总耗水量(新鲜水):>400L/min;
洗涤剂种类:建议为中性;
操作人员(驾驶员及操作员):2人;
环境保护污水排放指标:符合城市排放标准;
装机功率:约60kW。

七、试车线

试车线是用于车辆检修后动态调试的,一般凡是有车辆检修的停车场、车辆段最好都有试车线。车辆修理工厂没有试车线是不行的,因为架修、大修后的车辆性能是否达到要求,不经过动态调试是不清楚的。

试车线一般超过2km,越长越好;但至少1.5km,否则不安全。少于1.5km,80km/h速度的牵引和制动试验几乎不能做。一旦轨道粘着差,高速度情况下制动距离拉长,容易冲出线路止挡。

第七章 城市轨道车辆维修设备

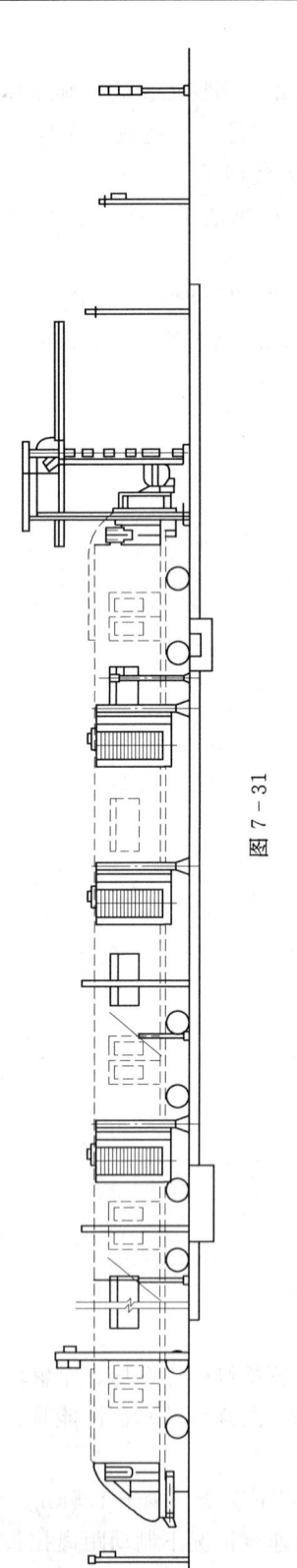

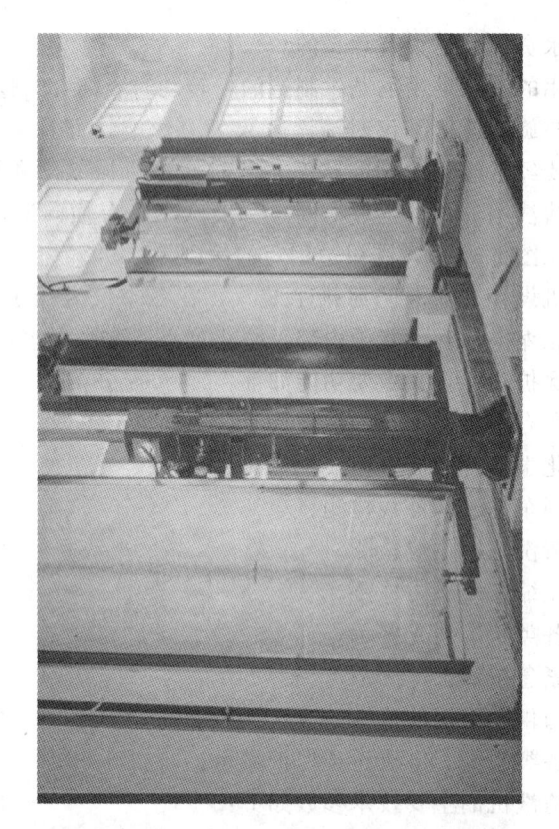

图 7-31

图 7-32

图 7-33

108

第四节 城市轨道车辆维修设备简介

　　试车线一般要求道岔少些，轨道平直一些，试验结果才比较准确。

　　试车线两侧应竖立停车、缓行、鸣号和限速等警示标志，随时提醒司机和测试工作人员注意安全。

　　有些试车线在端头设计有地沟，供试车时临时检查车底用。

参 考 文 献

[1] 李令德.现代工艺管理.上海：上海人民出版社，1995.
[2] 王秀伦.现代工艺管理技术.北京：中国铁道出版社，2004.
[3] 陈则钧.机电设备故障诊断与维修.北京：高等教育出版社，2004.
[4] 大连铁道学院　陈世和主编.车辆修造工艺与装备.北京：中国铁道出版社，2004.
[5] 上海地铁一号线车辆技术规格书.1988.
[6] 上海地铁二号线车辆技术规格书.1996.
[7] 上海地铁一号线车辆大修手册.1993.
[8] 上海地铁二号线车辆大修手册.1999.
[9] 上海地铁一号线梅陇车辆段维修设备技术资料.1994.
[10] AC01/AC02电动列车架修规程.2004.
[11] AC01电动列车大修工艺文件.2004.